SALLY BURKE und
CYNDIE CLAYPOOL DE NEVE

Kinder stark und mutig machen

Gottes Wort über meinen Kindern beten

cap-books

Bestell-Nr.: 52 50466
ISBN 978-3-86773-352-6

Published by Harvest House Publishers
Eugene, Oregon 97408
www.harvesthousepublishers.com

Oberer Garten 8
D-72221 Haiterbach-Beihingen
07456-9393-0
info@cap-music.de
www.cap-books.de

Umschlaggestaltung: Olaf Johannson, spoon design
Fotonachweis: Mariia Korneeva, shutterstock.com
Übersetzung: Marita Wilczek
Satz: Nils Großbach
Printed in ČR

Inhaltsverzeichnis

Teil III: Gebet als Vermächtnis weitergeben

Dieses Buch ist all den Eltern gewidmet, die tiefe Sorge um ihr Kind getragen haben und die nicht wussten, wo Hilfe zu finden ist. Es ist all den Eltern gewidmet, die inständig zu Gott beteten, ohne zu wissen, ob er sie hört.

Wir beten, dass dieses Buch Ihnen helfen wird, die großen, kühnen Bibelgebete für Ihre Kinder zu beten – ganz gleich, ob sie noch in Windeln stecken, in die Schule gehen oder schon erwachsen geworden sind. Wir beten, dass Sie wissen, dass Gott immer auf uns achtet und jeden Schrei unseres Herzens hört.

Dies ist unser Gebet für Sie, während Sie für Ihre Kinder zum Herrn beten:

Möge der Herr Ihnen antworten , wenn Sie in Not sind;
möge der Name des Gottes Jakobs Sie beschützen.
Möge er Ihnen aus dem Heiligtum Hilfe senden
und Ihnen Unterstützung geben …
Möge er erfüllen, was Ihr Herz sich wünscht
und alle Ihre Pläne gelingen lassen.
Mögen wir vor Freude über Ihren Sieg jubeln
und zu Gottes Ehre seinen Namen erheben.

PSALM 20,2-3,5-6

Vorwort

von Fern Nichols, Gründerin von *Moms in Prayer International*

Ich glaube, der beste Einfluss, den eine Mutter auf das Leben ihres Kindes ausüben kann, geschieht durch Gebet. Da ist die Feststellung in Jakobus 5,16 bemerkenswert: „Das Gebet eines gerechten Menschen hat große Macht und kann viel bewirken." Ein Kind Gottes, das aus reinem Herzen betet, dessen Gebet hat Auswirkungen. Ja, Gebet hat Kraft! Es schafft Veränderung und zeigt Wirkung. Dieses Buch wird Ihnen helfen, mit Kraft und mit Zuversicht zu beten. Gott wartet nur darauf, dass Sie ihn bitten, um seine Macht zum Einsatz zu bringen.

Wahrscheinlich haben Sie schon gehört, dass Gottes Wort eine starke Waffe ist, die die Strategien des Feindes zunichte macht. Das ist wahr. Wir können dem Feind entgegentreten und ihn durch das Wort Gottes bezwingen.

> Jesus sagte zu ihm: „Scher dich fort von hier, Satan … Denn die Schrift sagt: ‚Du sollst den Herrn, deinen Gott, anbeten und nur ihm allein dienen.'"
> Matthäus 4,10

Hier lesen wird, was Jesus sagte, als er von Satan versucht wurde. Es ist ein Beispiel, dem wir folgen sollen; wir halten dem Feind Gottes Wort entgegen und sagen mit Glauben und Kühnheit: „Das sagt die Schrift!" Und dann beten wir mit den Worten des Psalmisten: „Meine Augen sehnen sich danach, dein Heil zu sehen und das Wort deiner Gerechtigkeit." (Psalm 119,123)

Gottes Wort zu beten bedeutet, das zu beten, was seinem Herzen und seinem Willen entspricht. Wenn Sie dies glauben, werden Ihre zuerst zaghaften Gebete zu starken, vertrauensvollen Gebeten – aus unerschütterlichem Glauben. Gottes Wort ist von Gottes Geist inspiriert, es ist lebendig, vital, unumstößlich, aktiv und mächtig. Es ist seine Stimme, die in das Jetzt hineinspricht.

Die persönliche Anwendung von Bibelversen, in die der Name des eigenen Kindes eingefügt wird, hat vielen Müttern die Augen dafür geöffnet, wie mächtig und persönlich die Bibel tatsächlich ist. Eine Mutter sagte einmal: „Ich finde tiefen Frieden darin zu wissen, dass ich mich ganz auf die beständigen und unwandelbaren Zusagen Gottes verlassen kann." Woche für Woche kehren Mütter aus ihrer *Moms in Prayer*-Gruppe mit Hoffnung und Siegesgewissheit zurück. Warum? Weil sie gelernt haben zu vertrauen, dass Gott tatsächlich der ist, der er zu sein behauptet, und dass er tun wird, was er versprochen hat.

Gottes Wort zu beten bedeutet, das zu beten, was seinem Herzen und seinem Willen entspricht. Wenn Sie dies glauben, werden Ihre zuerst zaghaften Gebete zu starken, vertrauensvollen Gebeten – aus unerschütterlichem Glauben.

Alle seine Zusagen werden durch die Ehre seines Namens gestützt. Die Wahrheit der Bibelaussagen trägt die Mütter durch die Woche, während sie sich Tag für Tag an Gott wenden und für ihre Kinder und deren Schulen beten. Und sie warten gespannt auf die Erfüllung seiner Zusagen.

Die thematischen Bibelgebete in diesem Buch sind glaubensstärkend. Sie werden Ihnen die Gewissheit geben, dass Sie nach Gottes Herzen beten, und in Ihnen den Wunsch wecken, für sich selbst in Gottes Wort zu forschen. Wenn Sie die eingestreuten Erfahrungsberichte in diesem Buch lesen, wird es Sie in eine tiefere Beziehung zum Herrn führen. Sie werden inspiriert, mehr zu beten, mehr zu vertrauen und mehr in enger Verbindung zu Ihrem himmlischen Vater zu leben. Sie werden, ohne auch nur den Schatten eines Zweifels, wissen, dass er Ihr Rufen hört und antworten wird.

Kinder stark und mutig machen ist ein lebensveränderndes Buch, in dem Sie oft nachschlagen werden, weil es Ihnen tiefer bewusst machen wird: Wenn Sie mit Christus zusammenarbeiten und Ihr Kind und das Leben Ihres Kindes in dem Namen Jesu aufrichten, wird die Situation sich ändern.

Es ist eine Fundgrube, die Ihnen zeigt: „Mit Gott ist nichts unmöglich!“

Teil I

Ein Rettungsanker für Eltern: Gebet

Die Kraft des Gebets in unserem Leben erfahren

Sally Burke
Präsidentin von *Moms in Prayer International*

Gott aber …

Ich habe persönlich erlebt, wie biblisches Gebet in der betenden Person große Hoffnung weckt. Ich habe ebenso erlebt, wie biblisches Gebet wiederum der Person, für die gebetet wird, Belebung, geistliches Erwachen, Sinn und Leben vermittelt. Diese Tatsache habe ich überall in der Welt erlebt, selbst in hoffnungslosen und aussichtslosen Situationen. Echte Fürbitte bedeutet, für einen anderen Menschen in den Riss zu treten und nach der Fülle des Willens Gottes für diese Person zu suchen. Nur Gott selbst weiß, mit welchen Absichten und Plänen er einen Menschen erschaffen hat. Und er sagt uns, dass diese Pläne gut sind und er uns damit Zukunft und Hoffnungen gibt (Jeremia 29,11). Er möchte nicht, dass auch nur ein Mensch verloren geht, sondern will, dass alle zu ihm umkehren (2. Petrus 3,9).

Gottes Wort ist Ausdruck seines Willens. Und wenn Sie mit seinem Wort für eine andere Person beten, geben Sie Gottes Kraft Raum, seinen Willen auszuführen. Gottes Wort ist mächtig. Gott schuf alle Dinge durch sein Schöpfungswort, und mit der Kraft seines Wortes herrscht er auch weiter über alles. Gebete, die Gottes Wort einsetzen, sind eine unaufhaltsame Kraft. Gott wird antworten und das Leben der Person berühren.

Und auch Sie werden gesegnet sein.

Während Sie aus seinem Wort beten, wirkt er in Ihnen. Er wird Ihr Herz und Ihre Gedanken in sein Bild verwandeln und Ihnen überreiche Hoffnung geben.

Die betende Person und die Person, für die gebetet wird, werden gleichermaßen durch Gottes Hand und sein Wort gesegnet. Sein Wort ist ausschlaggebend. In Hebräer 4,12 steht: „Das Wort Gottes ist lebendig und wirksam. Es ist schärfer als das schärfste Schwert und durchdringt unsere innersten Gedanken und Wünsche. Es deckt auf, wer wir wirklich sind, und macht unser Herz vor Gott offenbar."

Wir sehen die Geschehnisse um uns her und sind oft ohne Hoffnung, dass wir den Lauf der Geschichte ändern könnten. Gott sieht die Dinge vom Standpunkt der Ewigkeit her und sucht nach Menschen, die bereit sind, in den Riss zu treten, damit er den Lauf seiner Heilsgeschichte verändern kann (Hesekiel 22). Gottes Wort erfüllt immer seine Absichten (Jesaja 55). So wie Jesus seine große Bestimmung erfüllte, so möchte Gott, dass alle Menschen die große Berufung erfüllen, die er für sie hat. Und Jesus sagt in Matthäus 19,26: „Bei Gott ist alles möglich."

Gottes Wort reicht höher, als Sie es sich je vorstellen können, und es geht tiefer, als Sie es erbitten können, um Erlösung, Erfüllung, Frieden, Freude und Wahrheit zu bringen und Gott zu ehren. Jesus sagt in Johannes 15,7-8: „Wenn ihr mit mir verbunden bleibt und meine Worte in euch bleiben, könnt ihr bitten, um was ihr wollt, und es wird euch gewährt werden! Darin wird mein Vater verherrlicht, dass ihr viel Frucht hervorbringt und meine Jünger werdet."

Wir sehen die Geschehnisse um uns her und sind oft ohne Hoffnung, dass wir den Lauf der Geschichte ändern könnten. Gott sieht die Dinge vom Standpunkt der Ewigkeit her und sucht nach Menschen, die bereit sind, in den Riss zu treten, damit er den Lauf seiner Heilsgeschichte verändern kann.

Cyndie ist eine liebe Freundin, Schwester, Gebetskämpferin und Partnerin bei der Veröffentlichung der Bücher *Unerschütterlich*[1], *Unshaken Study Guide, Start with Praise* und nun auch bei diesem Buch. Ich hatte das Privileg, Cyndie vor einigen Jahren kennenzulernen. Wir arbeiteten bei *Moms in Prayer* International zusammen, als sie unsere Kommunikationsbeauftragte war. Ihre Liebe zu Gott, zu seinem Wort und zum Gebet hat unseren Dienst geprägt und viele für Christus gewonnen. Als Gott mir den Wunsch ins Herz legte, anderen weiterzuerzählen, was er tut, wenn Frauen zum Gebet zusammenkommen, wusste ich, dass sie die Partnerin sein würde, mit der ich zusammenarbeiten würde.

Gemeinsam veröffentlichen Cyndie und ich dieses Buch in der Vorfreude auf das, was es für Sie und für die Menschen die Ihnen am Herzen liegen, bedeuten wird. Wenn wir uns auf das Abenteuer der Fürbitte einlassen, entfaltet sich die Kraft des Herrn und seines Wortes in unserem Leben und im Leben der Kinder, die wir aufziehen. Im Verlauf dieses Buches werden wir inspirierende Geschichten von Frauen erzählen, die diese Kraft und Wirkung erlebt haben, während sie ihre Kinder und die gegenwärtige Generation betend erzogen und aufgebaut haben.

1 Unerschütterlich (Sally Burke, Cyndie Claypool de Neve);
erschienen im cap-Verlag; Bestell-Nr.: 52 50465; ISBN 978-3-86773-305-2

Gottes Wort reicht höher, als Sie es sich je vorstellen können, und geht tiefer, als Sie es erbitten können.

Wenn wir mit Gottes Wort füreinander beten, werden wir Auswirkungen erleben, die ewig sind und den Menschen in unserem Umfeld Hoffnung und Leben bringen: „Dies wurde vor langer Zeit aufgeschrieben, damit wir daraus lernen. Es soll uns Hoffnung geben und ermutigen, sodass wir geduldig auf das warten, was Gott in der Schrift versprochen hat" (Römer 15,4).

Unser Gebet für Sie und für die Menschen, für die Sie beten, ist,

dass Gott, der euch Hoffnung gibt, euch in eurem Glauben mit Freude und Frieden erfüllt, sodass eure Hoffnung immer größer wird durch die Kraft des Heiligen Geistes.

Römer 15,13

1

Die Vier Schritte des Gebets

Sorgt euch um nichts, sondern betet um alles. Sagt Gott, was ihr braucht, und dankt ihm. Ihr werdet Gottes Frieden erfahren, der größer ist, als unser menschlicher Verstand es je begreifen kann. Sein Friede wird eure Herzen und Gedanken im Glauben an Jesus Christus bewahren.

Philipper 4,6-7

Elternsein ist nichts für schwache Nerven. Kaum eine Rolle verlangt mehr Entscheidungen und Weichenstellungen, die derart tiefe, bleibende Auswirkungen haben.

Und so stressig unsere elterliche Verantwortung schon sein kann, wenn unser Sohn oder unsere Tochter direkt bei uns ist, es wird noch stressiger, wenn wir sie nicht mehr in unserer Nähe haben – ganz gleich, wie alt unser Kind sein mag! Die Angst und Sorge, die das in Eltern auslöst, ist der Grund für die vielen technischen Hilfsmittel, die entwickelt werden, um uns bei der Betreuung unserer Kids zu unterstützen – von Baby-Kameras über Ortungsgeräte, bis zu verschiedenen Apps. Heute machen es Handys und Messenger-Nachrichten leichter, mit unseren Kindern in Kontakt zu bleiben. Doch wenn wir dann einmal nichts von ihnen hören, stellen wir uns gleich das Schlimmste vor! Selbst Feriencamps werden gedrängt, Fotos von den Kindern zu posten, damit ihre Eltern sehen können, dass es ihnen gut geht.

Doch all diese Tools ändern nichts an der Tatsache, dass wir nie genau wissen können, wo unsere Kinder sind und was sie gerade machen. Welch ein Glück, dass es da den Einen gibt, der immer weiß, wo unsere Kinder stecken. Unser himmlischer Vater ist souverän. Er sieht und weiß alles. Daran werden wir in Sprüche 15,3 erinnert: „Die Augen des Herrn sind überall, er blickt auf den Bösen und auf den Guten." Wir können uns entspannen, weil wir wissen, dass er, der uns liebt, auch unsere Kinder liebt.

Wie fühlt sich das für Sie an? Wenn Sie eine Beziehung zu Christus haben, dann empfinden Sie wahrscheinlich einen inneren Frieden, weil Sie Ihr Kind in guten Händen wissen. Bei *Moms in Prayer* beginnen wir deshalb jede Gebetszeit mit Anbetung, bevor wir zur Fürbitte übergehen. Indem wir uns zunächst auf Gottes liebevolle, fürsorgliche und mitfühlende Eigenschaften und sein zielgerichtetes und weises Handeln konzentrieren, werden wir daran erinnert, dass wir auch in Momenten, in denen wir keine Kontrolle haben, dem Einen vertrauen können, der den Überblick hat.

Wir wissen, dass er, der uns liebt, auch unsere Kinder liebt.

Meine (Cyndies) Freundin Patty Goh schickte mir kürzlich folgende SMS, als sie ihrer Tochter für ihr Erstsemester an einer staatlichen Universität die Koffer packte:

> Heute Morgen bin ich mit Sorge aufgewacht, weil ich befürchte, dass meine Kinder unter meinem Erziehungsstil leiden. Doch als ich meine Andachtsbibel *Daily Bread* aufschlug, sprach Gott mir 1. Petrus 5,7 zu: „Überlasst all eure Sorgen Gott, denn er sorgt sich um alles, was euch betrifft!" In diesem Moment erinnerte ich mich, dass Gott alles weiß, was ich

> durchgemacht habe. Er möchte, dass ich mir keine Sorgen mache, sondern weiter bete. Er wird sich um meine geliebten Kinder kümmern.

Das ist das Schöne am Gebet, besonders beim Beten mit der Bibel: Wir können alle unsere Sorgen, Ängste und Befürchtungen an Gott abgeben, und er verspricht in Philipper 4,6-7, dass er all unsere Angst durch seinen unbegreiflichen Frieden ersetzen wird.

> Herr, hilf ________________, alle ihre/seine Sorgen an dich abzugeben, denn du sorgst für sie/ihn.
>
> NACH 1. PETRUS 5,7

Bevor wir näher betrachten, wie wir mit der Bibel für unsere Kinder und für bestimmte Bereiche ihres Lebens beten können, wollen wir zuerst die Vier Schritte des Gebets erörtern. Dies ist nicht die einzige Art zu beten, aber es ist eine effektive Möglichkeit, unsere Gedanken zu sammeln und unsere Gebete mit Christus in Einklang zu bringen. Ob wir nun über ein bockiges Krabbelkind frustriert sind, ob wir uns um ein Schulkind ängstigen, das Mühe hat, in der Schule Freunde zu finden, ob uns die Entscheidungen eines Teenagers beunruhigen oder ob wir uns Sorgen machen, weil unser erwachsenes Kind seit Wochen nichts von sich hören lässt – indem wir unsere Gebetszeit mit Lobpreis beginnen, dem Herrn bekennen, was unser Gewissen belastet, und damit fortfahren, ihm zu danken, richten wir unsere Gedanken neu darauf aus, wie groß Gott ist, statt darum zu kreisen, wie groß das Problem zu sein scheint. Dann erst gehen wir dazu über, füreinander zu beten, was man Fürbitte nennt. Indem wir auf Gottes Charakter und Treue vertrauen, können wir unser Kind mit Zuversicht und Hoffnung erziehen.

❶ Anbetung

Indem wir damit beginnen, Gott zu loben, verlagern wir unseren Fokus von unserem Problem zu dem Problemlöser, vom Chaos zu dem, der die Stürme stillt, von dem Unbekannten zu dem, der allwissend ist. Lesen Sie Psalm 103 und konzentrieren Sie sich auf die Eigenschaften und den Charakter des Allmächtigen.

Psalm 103,1-13

Lobe den Herrn, meine Seele,
und alles, was mich ausmacht, seinen heiligen Namen.
Lobe den Herrn, meine Seele,
und vergiss all das Gute nicht, das er für dich tut.
Er vergibt dir alle deine Sünden
und heilt alle deine Krankheiten.
Er kauft dich vom Tode frei
und umgibt dich mit Liebe und Güte.
Er macht dein Leben reich und erneuert täglich deine Kraft,
dass du wieder jung wie ein Adler wirst.
Der Herr schafft Gerechtigkeit
und Recht allen, die Unrecht erfahren.
Er hat Mose seine Wege wissen lassen
und Israel seine Taten gezeigt.
Barmherzig und gnädig ist der Herr,
geduldig und voll großer Gnade.
Er wird uns nicht für immer Vorwürfe machen
und nicht ewig zornig sein.
Er bestraft uns nicht für unsere Sünden
und behandelt uns nicht, wie wir es verdienen.
Denn so hoch der Himmel über der Erde ist,
so groß ist seine Gnade gegenüber denen,
die ihn fürchten.

So fern der Osten vom Westen ist,
hat er unsere Verfehlungen von uns entfernt.
Wie sich ein Vater über seine Kinder zärtlich erbarmt,
so erbarmt sich der Herr über alle, die ihn fürchten.

Wie fühlen Sie sich, nachdem Sie sich auf Gott, unseren Vater, konzentriert haben? Wenn Sie dieses Kapitel mit einer Sorge begonnen haben, die schwer auf Ihrem Herzen lastet, hatte dieser Abschnitt einen Einfluss auf Ihre Gefühle? Was ist eine Eigenschaft Gottes, für die Sie ihn preisen möchten? Wenn Sie sich nicht sicher sind, gehen Sie die Verse des Psalms noch einmal durch und wählen Sie eine Eigenschaft aus, die Sie hervorheben möchten. Vielleicht wollen Sie den Herrn heute für sein Erbarmen, seine Vergebung all Ihrer Sünden, seine Geduld oder seine überfließende Liebe zu Ihnen preisen. Nehmen Sie sich ein paar Minuten Zeit dafür.

❷ Schuld bekennen

Der zweite Schritt des Gebets, Schuld bekennen, ermöglicht es uns, mit dem Herrn ins Reine zu kommen, sodass wir als heiliges Gefäß bereit sind, nach Gottes Willen zu beten. Wünschen Sie sich kraftvolle und wirksame Gebete? Der Schlüssel dazu ist, Ihr Herz vor dem Herrn zu reinigen und Ihre Bitten mit den Seinen in Einklang zu bringen. In Jakobus 5,16 steht: „Das Gebet eines gerechten Menschen hat große Macht und kann viel bewirken." Lesen Sie Johannes 15,7-12:

> Wenn ihr mit mir verbunden bleibt und meine Worte in euch bleiben, könnt ihr bitten, um was ihr wollt, und es wird euch gewährt werden! Darin wird mein Vater verherrlicht, dass ihr viel Frucht hervorbringt und meine Jünger werdet. Ich habe euch genauso geliebt, wie der

> Vater mich geliebt hat. Bleibt in meiner Liebe. Wenn ihr mir gehorcht, bleibt ihr in meiner Liebe, genauso wie ich meinem Vater gehorche und in seiner Liebe bleibe. Ich sage euch das, damit meine Freude euch erfüllt. Ja, eure Freude soll vollkommen sein!

Der Schlüssel zu der Verheißung in Vers 7 findet sich in den Versen 9 und 10: Wenn wir in Gottes Liebe bleiben, indem wir seine Gebote halten, dann wird Gott tun, worum wir im Gebet bitten. Aber können wir als einfache Menschen täglich den ganzen Tag über in Gottes Geboten leben? Nein. Und das ist das Schöne am Bekenntnis unserer Sünde, wie uns in 1. Johannes 1,9 versichert wird: „Wenn wir ihm unsere Sünden bekennen, ist er treu und gerecht, dass er uns vergibt und uns von allem Bösen reinigt." Und indem wir Schuld bekennen, richten wir unseren Willen neu an seinem Willen aus, sodass wir besser nach dem Willen des Herrn beten können.

❸ Dank

Viele, die wissenschaftlich geforscht haben, erkennen jetzt, was Männer und Frauen Gottes schon immer gewusst haben: Danken hat eine starke Auswirkung auf unseren Verstand. Natürlich wusste der, der unseren Verstand erschuf, bereits um die Kraft des Dankens und machte es uns deshalb zum Gebot: „Was immer auch geschieht, seid dankbar, denn das ist Gottes Wille für euch, die ihr Christus Jesus gehört" (1. Thessalonicher 5,18). Wenn wir anfangen, uns auf den vielfältigen Segen zu konzentrieren, den wir von Gott empfangen haben, und auf alle Gebete, die er erhört hat, erinnert es uns daran, ihm weiter zu vertrauen, weiter zu beten und nicht aufzugeben.

❹ Fürbitte

In Jakobus 4,2 lesen wir: „Ihr habt nichts, weil ihr nicht bittet" (ELB). Durch fürbittendes Gebet können wir einen starken Einfluss auf das Leben anderer Menschen haben, indem wir für sie vor Gott eintreten und den Herrn um sein mächtiges Eingreifen bitten. Und genau darum geht es in diesem Buch. Wie können wir sicher sein, was Gottes Wille für das Leben eines anderen Menschen ist? Indem wir mit der Bibel beten!

Insbesondere werden wir Bibelverse betrachten, die Sie für jedes Kind in Ihrem Leben beten können. Vielleicht sind Sie Lehrer(in), Ausbilder(in) oder Jugendbetreuer(in) und möchten mehr Einfluss auf das Leben derer haben, mit denen Sie arbeiten. Oder Sie sind ein Vater, eine Mutter, eine Tante, ein Großvater oder sonstiger Verwandter, der/die Gottes Segen für das Leben der Menschen in Ihrer Familie erbitten möchte. Vielleicht geht es Ihnen auch um Kinder in Ihrer Nachbarschaft, deren Namen Sie zwar nicht kennen, aber für die Sie beten möchten.

Wie können wir sicher sein, was Gottes Wille für das Leben eines anderen Menschen ist? Indem wir mit der Bibel beten!

Dieses Buch ist nach Themen gegliedert, für die gebetet werden soll: christlicher Charakter, Errettung, Schutz, Freiheit von Sucht, die Zukunft Ihres Kindes und vieles mehr. Sie können für diese Anliegen in der Reihenfolge beten, in der wir sie vorstellen, oder zwischen den einzelnen Bibelstellen hin- und herspringen, um für die unmittelbaren Bedürfnisse Ihres Kindes zu beten.

Am Ende jedes Kapitels befindet sich ein Abschnitt mit Gebeten aus der Bibel. **Die meisten dieser Verse sind so formuliert, dass man sie leicht beten kann, indem Sie an den entsprechenden Stellen den Namen des Kindes eintragen.** Nutzen Sie Ihr Handy, um eine Seite mit Bibelversen zu fotografieren, die für Ihre Situation gerade besonders wichtig sind. So können Sie, wenn Angst und Sorge aufkommen, sofort ins Gebet gehen. Wenn Sie verheiratet sind, möchten wir Sie ermutigen, die Bibelstellen gemeinsam mit Ihrem Ehepartner zu beten. Viele Erfahrungsberichte, die wir in diesem Buch weitergeben, stammen aus dem Dienst von *Moms in Prayer,* aber die Gebetsprinzipien sind natürlich für jeden anwendbar.

Beginnen wir mit einem Gebet:

Herr, wie es in Psalm 103 heißt, preisen wir dich dafür, dass du „barmherzig und gnädig, geduldig und voll großer Gnade" bist.

Wir haben deine Liebe und Barmherzigkeit nicht verdient, aber dennoch schenkst du sie uns reichlich. Vergib uns die Situationen, in denen wir uns Sorgen machen und die Dinge selbst in die Hand nehmen, weil wir vergessen, dass dein Timing immer perfekt ist.

Herr, danke für diese Reise, die wir jetzt antreten, um mit deinem Wort für unsere Kinder zu beten. Hilf uns, in Momenten der Angst und Sorge daran zu denken, dass wir uns stattdessen im Gebet an dich wenden. In Jakobus 4,2 steht, dass wir nicht haben, weil wir nicht bitten. Herr, hilf uns, daran zu denken, in deinem mächtigen Namen zu bitten und auf dein perfektes

Timing zu warten, weil wir wissen, dass du unserem Kind mit deiner Liebe und Barmherzigkeit begegnest und versprochen hast, alles zum Guten zu führen.

(NACH RÖMER 8,28)

2

Die Kraft des Betens mit der Bibel

Das Gras verdorrt und die Blumen welken;
aber das Wort des Herrn hat für immer Bestand.

Jesaja 40,8

Gebet bedeutet, Gottes Gegenwart und Macht in unser Leben, in unsere Situation, in unsere Welt einzuladen. Gebet ist die stärkste Kraft, die Gottes Kindern zur Verfügung steht, und wenn das Gebet mit Gottes Wort verbunden wird, ist es eine unaufhaltsame Kraft.

Betrachten Sie einmal, wie groß die Macht von Gottes Wort tatsächlich ist. Gott hat den Himmel und die Erde in Existenz gerufen! „Am Anfang schuf Gott den Himmel und die Erde. Die Erde aber war wüst und öde, finster war es über den Wassern. Und der Geist Gottes schwebte über der Wasserfläche. Da sprach Gott: ‚Es soll Licht entstehen!', und es entstand Licht. Und Gott sah, dass das Licht gut war. Dann trennte er das Licht von der Finsternis" (1. Mose 1,1-4). Das von Gott ausgesprochene Wort entfaltete seine Kraft und führte seinen Willen in der Schöpfung aus. Gottes Wille umfasst auch einen kraftvollen Plan für Sie und die Menschen, für die Sie beten.

Seine Pläne sind höher als unsere Pläne. Das versichert er in Jesaja 55,8-11:

> „Meine Gedanken sind nicht eure Gedanken", sagt der Herr, „und meine Wege sind nicht eure Wege. Denn so viel der Himmel höher ist als die Erde, so viel höher stehen meine Wege über euren Wegen und meine Gedanken über

> euren Gedanken. Regen und Schnee fallen vom Himmel und bewässern die Erde. Sie kehren nicht dorthin zurück, ohne Saat für den Bauern und Brot für die Hungrigen hervorzubringen. So ist es auch mit meinem Wort, das aus meinem Mund kommt. Es wird nicht ohne Frucht zurückkommen, sondern es tut, was ich will und richtet aus, wofür ich es gesandt habe."

Finden Sie die Verheißung in diesem Abschnitt nicht auch großartig? Gottes Wort wird bewirken, was er wünscht, und seinen Zweck erfüllen. Manchmal beten wir und erleben schnelle Gebetserhörungen, wie wenn Regen fällt und sich auf dem Boden in Wasserlachen sammelt; manchmal dagegen dringt Gottes Wort, das wir beten, tief in den Boden ein, und wir erkennen erst Jahre später, was Gott als Antwort auf unsere anhaltenden Gebete bewirkt hat. Auch wenn wir es nicht sofort sehen können, wird oft zuerst der Boden für Gottes Pläne bereitet, die in uns und unserem Leben Früchte tragen werden.

Nur Gott weiß wirklich, mit welcher Bestimmung und Absicht er jeden Menschen geschaffen hat – jedes Kind und jeden Erwachsenen. Ja, wir sind für die Gemeinschaft mit ihm und zu seiner Ehre geschaffen, aber er hat jedes seiner Kinder auch mit Gaben und Talenten ausgestattet. Und er hat die Umstände geschaffen, unter denen wir ihn ehren können. Indem wir für andere Menschen Fürbitte tun, treten wir im Gebet an Gottes Seite und suchen sein Angesicht und seinen Willen für ihr Leben. Wir sind die Gefäße, durch die er handelt, um große Dinge für sie zu vollbringen, während wir für sie beten. Indem wir für sie beten, erleben wir, wie „Gott unendlich viel mehr tun [kann], als wir je bitten oder auch nur hoffen würden" (Epheser 3,20).

Was geschieht, wenn wir mit der Bibel beten

In einem Jahr machte ich (Sally) beim Gebet für meinen Ältesten die Erfahrung, dass Gottes Wege für meine Kinder immer höher sind als meine eigenen. In jenem Jahr war mein Sohn in der Baseballmannschaft, saß aber bei jedem Spiel die meiste Zeit über auf der Bank. Natürlich fand ich, dass er mehr zum Einsatz kommen sollte. Können Sie das nachvollziehen? Bei jedem Spiel betete ich, dass er die Gelegenheit haben würde zu spielen und einen Home-Run zu schlagen oder den Ball zu fangen. Doch in meiner Gebetsgruppe von *Moms in Prayer* betete ich mit Bibelstellen für ihn, wie zum Beispiel Philipper 2,14-16:

> Was ihr auch tut, tut es ohne zu klagen und zu zweifeln, damit niemand euch irgendetwas vorwerfen kann. Als Kinder Gottes sollt ihr ein reines, vorbildliches Leben führen in einer dunklen Welt voller verdorbener und verirrter Menschen, unter denen euer Leben wie ein helles Licht leuchtet.
>
> Haltet am Wort des Lebens fest, damit ich mich, wenn Christus wiederkommt, freuen kann, dass ich das Rennen nicht verloren habe und meine Arbeit nicht vergeblich war.

Herr, hilf ________________, bei allem, was sie/er tut, nicht zu klagen oder zu zweifeln, damit niemand ihr/ihm etwas vorwerfen kann. Hilf ________________, als Kind Gottes ein reines, vorbildliches Leben zu führen in einer dunklen Welt voller

verdorbener und verirrter Menschen. Lass ihr/
sein Leben unter den Menschen wie ein helles
Licht leuchten, indem sie/er an deinem Wort
des Lebens festhält.

NACH PHILIPPER 2,14-16

Mein Sohn hat zwar nie einen Home-Run geschlagen oder den entscheidenden Ball gefangen, aber der Trainer meines Sohnes kam eines Tages auf mich zu und fragte, ob mein Sohn Christ sei. „Ja", antwortete ich und erkundigte mich, warum er fragte. Daraufhin erklärte er, dass mein Sohn alles ohne Klagen und Murren tat und ein Vorbild für alle in seinem Team war. Der Herr zeigte mir, dass die Seelen der Verlorenen viel wichtiger sind als die Home-Runs, um die ich betete. Gottes Wege sind immer höher als meine Wege. Viele Menschen haben durch meinen Sohn Jesus kennengelernt – und das *nicht,* weil er die besten Baseball-Statistiken hatte. Als ich nach der Heiligen Schrift für ihn betete, kam das Gebet nicht leer zurück, doch es waren meine weltlichen Wünsche, die ins Leere gingen. „Himmel und Erde werden vergehen, doch meine Worte bleiben ewig" (Matthäus 24,35). Gottes Wort ist auch tragend und kraftvoll. In Hebräer 1,3 spricht Gott davon, dass er das ganze Universum durch die Macht seines Wort erhält. „Der Sohn spiegelt die Herrlichkeit Gottes wider, und alles an ihm ist ein Ausdruck des Wesens Gottes. Er erhält das Universum durch die Macht seines Wortes."

Vielleicht ist es Ihnen nicht bewusst, aber jedes Atom wird durch eine unsichtbare Kraft zusammengehalten, die Wissenschaftler Gluon nennen. Wenn man ein Atom spaltet, erhält man atomare Kraft. Doch Gottes Wort ist noch viel explosiver und kraftvoller.

Gott wartet darauf, seine Macht und sein Wort durch Sie freizusetzen, um viele Menschen zu segnen. Das Gebet führt uns in Gottes Gegenwart und gibt uns Zugang zu seiner Macht. Wir alle können Gott preisen, dass er durch unvollkommene, fehlbare Männer und Frauen wirkt, um durch das Gebet seinen Willen zu erfüllen. Jede Gebetserhörung bringt Gott Ehre! Woher wissen wir, dass Gott unsere Gebete erhören wird? „Wenn ihr mit mir verbunden bleibt und meine Worte in euch bleiben, könnt ihr bitten, um was ihr wollt, und es wird euch gewährt werden! Darin wird mein Vater verherrlicht, dass ihr viel Frucht hervorbringt und meine Jünger werdet“ (Johannes 15,7-8). Wenn wir das mächtige Wort Gottes beten, beten wir nach seinem Willen.

Gott wartet darauf, seine Macht und sein Wort durch Sie freizusetzen, um viele Menschen zu segnen.

Mögen Sie selbst gestärkt werden, indem Sie mit der Heiligen Schrift für Ihr Kind beten und kommende Generationen positiv beeinflussen. Mögen Sie sein Wort im Gebet aussenden, um große und mächtige Dinge für Ihre Kinder und die Menschen in ihrem Umfeld zu bewirken. Möge Ihr Herz sich freuen, wenn sein biblisches Wort durch Ihre Gebete anfängt, seinen guten Willen zu erfüllen. Und mögen Sie viel Frucht bringen und sich als sein Jünger erweisen.

Bibelgebete für Ihren eigenen Weg

Ich bete zu dir, denn ich weiß, dass du mich erhören wirst. Neige dich zu mir herab und höre mein Gebet.

PSALM 17,6

Ich vertraue allezeit auf ihn. Ich schütte mein Herz vor ihm aus, denn Gott ist meine Zuflucht.

NACH PSALM 62,9

Herr, höre mich, wenn ich bete, vernimm meine Klage! Höre meinen Hilferuf, mein König und mein Gott, denn ich bete zu dir. Höre meine Stimme am Morgen, Herr. Früh am Morgen trage ich dir meine Bitten vor und warte voll Ungeduld.

PSALM 5,2-4

Ich schaue hinauf zu den Bergen – woher wird meine Hilfe kommen? Meine Hilfe kommt vom Herrn, der Himmel und Erde gemacht hat. Er wird nicht zulassen, dass du stolperst und fällst; der dich behütet, schläft nicht. Siehe, der Israel behütet, wird nicht müde und schläft nicht.

PSALM 121,1-4

Hätte ich in meinem Herzen böse Gedanken, dann hätte der Herr mich nicht erhört. Aber Gott hat mich erhört! Er hat mein Gebet vernommen! Lobt Gott, der mein Gebet ernst nimmt und mir seine Gnade nicht entzogen hat.

Psalm 66,18-20

Das Gebet eines gerechten Menschen hat große Macht und kann viel bewirken.

Jakobus 5,16

Wenn ich mit dir verbunden bleibe und deine Worte in mir bleiben, kann ich bitten, um was ich will, und es wird mir gewährt werden! Darin wird der Vater verherrlicht, dass ich viel Frucht trage und mich als Nachfolger/in erweise.

nach Johannes 15,7-8

Steh auf, schrei in der Nacht zu Beginn jeder Nachtwache. Schütte dem Herrn dein Herz aus wie Wasser. Heb deine Hände wegen deiner Kinder zu ihm auf, die an allen Straßenecken verhungern.

Klagelieder 2,19

Teil II

Gottes Wort über das Leben eines Kindes stellen

3

Um den Charakter Christi im Leben von Kindern beten

Und du, mein Sohn Salomo, lerne den Gott deines Vaters kennen. Diene ihm von ganzem Herzen und von ganzer Seele. Denn der Herr sieht ins Herz der Menschen und versteht es; er kennt jeden unserer Gedanken. Wenn du ihn suchst, wirst du ihn finden.

1. Chronik 28,9

Wir wissen nicht immer, was für unsere Kinder das Beste ist. Wenn es nach uns ginge, würden wir um ein perfektes Leben für unsere Kinder beten, frei von gesundheitlichen Problemen, Stress, Kummer und Schwierigkeiten jeder Art. Doch Schwierigkeiten und Herausforderungen sind oft genau das, was unseren Charakter schleift und uns zu den Menschen formt, zu denen Gott uns geschaffen hat. Deshalb möchten wir Sie zuerst ermutigen, für die Kinder in Ihrem Leben um die Entwicklung eines christusähnlichen Charakters zu beten, bevor wir uns dann dem Gebet für verschiedene Anliegen zuwenden. Zu Ihrer Ermutigung beginnen wir mit dem folgenden Erfahrungsbericht von Lisa Freyschlag.

Mein Hang zur Sorge zeigte sich schon in jungen Jahren. Mit 13 machte ich mir so viele Sorgen darüber, was andere wohl von mir dachten, dass ich schließlich Gott fragte: „*Wer bin ich?*" Mit 19 führte meine Unsicherheit in der Frage, ob ich einen Collegekurs abbrechen sollte, zu körperlichen Symptomen. Ich wollte keine Versagerin sein! Also wie in aller

Welt sollte ich eines Tages eine gelassene Mutter werden, die sich nicht jeden Moment um ihre Kinder sorgte? Da kam ich mit *Moms in Prayer* in Kontakt.

In den 1990er-Jahren, als meine Kinder die Grundschule besuchten, lud eine Freundin mich zu einer Gebetsgruppe von Müttern ein. Es wurde meine liebste Stunde in jeder Woche, weil ich immer mit vielfältigen Sorgen eintraf und die Gruppe nach der gemeinsamen Zeit mit dem Gefühl verließ, völlig in den Frieden Gottes eingehüllt zu sein. Ich wurde von einer mit Sorgen kämpfenden Mutter zu einer Gebetskämpferin. Ich lernte Gott tiefer kennen und ihm inniger vertrauen, indem ich jede Woche eine andere seiner Eigenschaften im Lobpreis betrachtete. Ich konnte zuschauen, wie Gottes Kraft in unseren Kindern einen christusähnlichen Charakter wachsen ließ, während wir Woche für Woche mit konkreten Bibelstellen für sie beteten.

Wir überspringen die nächsten 25 Jahre im Schnelldurchlauf und kommen in die Gegenwart. Die Kinder, für die wir damals beteten, sind inzwischen erwachsen und haben selbst Kinder! Kürzlich zog ich ein verstaubtes Buch aus dem Regal und schaute mir noch einmal die Charaktereigenschaften mit den entsprechenden Bibelversen an, um die unsere Gruppe vor über 20 Jahren für unsere Kinder gebetet hatte. Ich spürte, wie mir plötzlich Tränen in die Augen stiegen und mir unaufhaltsam übers Gesicht liefen. Ich konnte nicht anders, als meinen Mann von einer Arbeit wegzuholen und gemeinsam mit ihm zu staunen, wie Gott unsere jahrelangen Bibelgebete für unsere Kinder beantwortet hat. Die Tugenden mit den entsprechenden Bibelstellen, die ich für jedes Kind betete, so wie ich mich geleitet fühlte, schienen auf wunderbare Weise in ihrem Leben Gestalt anzunehmen. Sie beschreiben treffend die erwachsenen Menschen, die sie nun geworden sind! Beim Lesen dieser Eigenschaften war ich überwältigt, wie Gottes persönliche Berührung im Leben jedes Kindes sichtbar geworden war.

Bei meiner ältesten Tochter: Erfüllen von Versprechen, starke Überzeugungen, Glaube, Reinheit, Gelegenheiten (sie packte jede beim Schopf und bewies Führungsfähigkeiten!), Verfügbarkeit für Gott, Erkennen seiner Güte und – mein Favorit – *Lachen*. Sie lernte, mitten in ihrem Perfektionismus zu lachen, während sie immer mehr in Gottes Freiheit hineinwuchs. Der Bibelvers damals war Sprüche 15,15: „Für ein fröhliches Herz ist jeder neue Tag ein Fest."

Bei meiner jüngsten Tochter: authentisch, fair, originell (ja wirklich, das ist sie!), gute Entscheidungen (selbst wenn sie eigentlich rebellieren wollte!), Mut und – mein Favorit – eine *Schatzsucherin*. Freudig sucht sie nach dem Besten und findet es in Gott. Der Vers war Psalm 119,162: „Ich freue mich über dein Wort wie jemand, der einen großen Schatz findet."

Bei meinem einzigen Sohn: wahrhaftig, voller Kreativität, andere wertschätzend, mit einem Herzen für die Mission, mit starkem Charakter und – da er jetzt Theologie studiert, blieb mir das Herz stehen, als ich die letzte Eigenschaft las, die für ihn gebetet wurde – einer, der das Königreich baut! Und genau an dieser Stelle hat Gott jetzt sein Herz erweckt, als Hirte für andere und als einer, der mithilft, Gottes Reich zu bauen. Die Verse waren Lukas 12,32+34 (ELB): „Fürchte dich nicht … Denn es hat eurem Vater wohlgefallen, euch das Reich zu geben … Denn wo euer Schatz ist, da wird auch euer Herz sein."

Kein Wunder, dass mir die Tränen kamen. Jetzt kann ich mit Gewissheit und voller Staunen sagen: „Danke, Gott, dass du Gebet konkret erhörst! Du tust es seit dem Tag, als wir vor vielen Jahren anfingen, mit der Bibel für unsere Kinder zu beten. Du tust es bis auf den heutigen Tag und lässt deinen Charakter in ihnen wachsen."

Schwierigkeiten und Herausforderungen sind oft genau das, was unseren Charakter schleift und uns zu den Menschen formt, zu denen Gott uns geschaffen hat.

Indem wir mit der Bibel für unsere Kinder beten, dass sie einen christusähnlichen Charakter bekommen, bitten wir Gott, sie mit gottgefälligen Eigenschaften zu füllen, damit sein Wille im Leben unserer Kinder geschehen kann. Genau wie Lisa werden Sie entdecken, dass kein einziges Gebet vergeudet ist. Vielleicht entscheiden Sie sich, Ihre konkreten Gebete für Ihr Kind bzw. Ihre Kinder aufzuschreiben, damit auch Sie sich an Gottes Treue erinnern und ihn dafür preisen, dass er vom Anfang bis zum Ende am Leben Ihres Kindes Anteil nimmt.

Bibelgebete für einen christusähnlichen Charakter

Die Bibel ist reich an wunderbaren Bibelstellen, mit denen wir für unsere Kinder beten können, damit sie im Heranwachsen Christus immer ähnlicher werden. Die meisten Bibelgebete in diesem Buch enthalten Verse, die nur ein oder zwei Sätze lang sind. Doch in diesem dritten Kapitel bieten wir nach den ersten zwei Bibelgebeten einige längere Bibelstellen an, um die Kinder, für die Sie beten, regelrecht mit der Kraft Christi zu überschütten. Jeder dieser Verse ist so formuliert, dass Sie den Namen des Kindes einfügen können, um das Gebet persönlich anzuwenden.

Herr, hilf ___________________, eine Frau/ein Mann nach deinem Herzen zu sein und alles zu tun, was du von ihr/ihm möchtest.

NACH APOSTELGESCHICHTE 13,22

Ich bete, dass ___________________ dich, Gott Vater, kennenlernt und dir von ganzem Herzen und von ganzer Seele dient, denn du, Herr, siehst ins Herz der Menschen und versteht es; du kennst jeden unserer Gedanken.

NACH 1. CHRONIK 28,9

Hilf ___________________, stark und mutig zu sein, gewissenhaft deinen Geboten zu gehorchen und nicht von ihnen abzuweichen, um erfolgreich zu sein, wohin sie/er auch geht. Lass ___________________ darauf achten, die Worte dieses Gesetzes immer auf den Lippen zu tragen und Tag und Nacht darüber nachzudenken, damit sie/er alles sorgfältig befolgen kann, was darin geschrieben steht. Dann wird __________________ erfolgreich sein. Erinnere sie/ihn an dein Gebot, stark und mutig zu sein. Hilf ihr/ihm, nicht zu verzweifeln, denn du, Herr, wirst bei __________________ sein, wohin sie/er auch geht.

NACH JOSUA 1,7-9

Herr, ich bete, dass __________________ in ihrem/seinem Leben die Frucht des Heiligen Geistes entfaltet. Befähige sie/ihn, mit deiner Liebe, Freude, Frieden, Geduld, Freundlichkeit, Güte, Treue, Sanftmut und Selbstbeherrschung erfüllt zu werden. Stärke in __________________ den Wunsch, dir, Christus Jesus, anzugehören und die Leidenschaften und Begierden der sündigen Natur zu kreuzigen. Da wir durch den Heiligen Geist leben, erinnere __________________ täglich daran, sich in allen Lebensbereichen vom Heiligen Geist bestimmen zu lassen. Hilf ihr/ihm, nicht stolz zu werden und andere nicht zu reizen oder zu beneiden.

NACH GALATER 5,22-26

Herr, hilf __________________, ein vorbildliches Leben zu führen und ein Mensch zu sein, der tut, was recht ist. Ein Mensch zu sein, der von Herzen die Wahrheit sagt, der niemanden verleumdet, der anderen kein Unrecht zufügt und nicht schlecht von ihnen spricht. Ein Mensch zu sein, der die Menschen ehrt, die den Herrn fürchten. Ein Mensch, der ein Versprechen auch dann hält, wenn es weh tut. Ein Mensch, der keine Zinsen für verliehenes Geld fordert und der sich nicht bestechen lässt, um gegen Unschuldige auszusagen. Befähige ____________________, so zu handeln und nie zu wanken.

nach Psalm 15,2-5

In deiner großen Liebe zu ________________, Herr, bete ich, dass du, der du so barmherzig bist, ihr/ihm in Christus neues Leben schenkst, selbst wenn ____________________ vielleicht durch Verfehlungen tot ist. Es geschieht durch Gnade, dass wir errettet werden. Du hast uns mit Christus auferweckt und uns einen Platz mit ihm in der Himmelswelt gegeben. So wird er für alle Zeiten an uns seine Güte und den Reichtum seiner Gnade sichtbar machen, die sich in allem zeigt, was du durch Christus Jesus für uns getan hast. Weil du so gnädig bist, hast du ____________________ gerettet, durch den Glauben und nicht durch eigenen Verdienst. Es ist ein Geschenk Gottes, nicht aufgrund eigener guter Taten, damit sich niemand etwas darauf einbilden kann. Herr, ich bete, dass ____________________ erkennt, dass sie/er dein Geschöpf ist, in Christus Jesus neu geschaffen, die guten Taten auszuführen, die du für ihr/sein Leben vorbereitet hast.

nach Epheser 2,4-10

Herr, ich flehe zu dir für ________________, dass sie/er mit Christus zu neuem Leben auferweckt wird und sucht, was droben ist, wo Christus ist, der zur Rechten Gottes im Himmel sitzt. Hilf ________________, ihre/seine Gedanken auf Christus zu konzentrieren und nicht auf weltliche Angelegenheiten! Ich bete, dass ________________ die Schwächen der Welt in sich abtötet: Unzucht, Unreinheit, Zügellosigkeit, falsche Leidenschaften und Geldgier, die Götzendienst ist. Hilf ________________, auch Dinge wie Ärger, Zorn, Bosheit, Verleumdung und schmutzige Reden aufzugeben und nicht zu lügen. Möge ________________ leidenschaftlich darauf bedacht sein, ihre/seine alte, verdorbene Natur mit ihrem bösen Tun abzulegen und die neue Natur anzunehmen, die Gott erneuert, sodass man erkennen kann, wie ________________ dem Bild des Schöpfers gleicht. Ich bete, dass es für ________________ in allem nur auf Christus ankommt und darauf, dass er in uns allen lebt! Möge ________________ erkennen, dass sie/er zu Gottes Heiligen und Geliebten gehört. Hilf ihr/ihm, voll Mitleid und Erbarmen, Freundlichkeit, Demut, Sanftheit und Geduld zu sein. Möge sie/er Nachsicht mit den Fehlern der anderen haben und ihnen vergeben. Wenn jemand ________________ gekränkt hat, hilf ihr/ihm, dieser Person zu vergeben, wie du ihr/ihm vergeben hast. Das Wichtigste aber ist die Liebe. Hilf ________________, in der Liebe zu bleiben, die uns alle in vollkommener Einheit verbindet. Ich bete auch, dass ___________________ nicht aufhört zu beten, wachsam zu sein und Gott zu danken. Hilf ___________________, die Botschaft von Christus klar weiterzusagen, klug unter denen zu leben, die keine Christen sind, und aus jeder Gelegenheit das Beste zu machen! Lass ___________________ freundlich reden, gewürzt mit Salz, und wissen, wie sie/er jedem Einzelnen am besten antworten soll.

nach Kolosser 3,1-14; 4,2-6

Herr, du sagst uns, dass wir einander an folgende Dinge erinnern sollen: Warne ___________________ davor, sich um Worte zu streiten, was nutzlos ist und denen, die es hören, nur schadet. Hilf ___________________, alles daran zu setzen, sich vor dir zu bewähren als jemand, der sich seiner Arbeit nicht zu schämen braucht und das Wort der Wahrheit kompromisslos weitergibt. Erinnere ___________________ daran, alles gottlose, dumme Geschwätz zu meiden, das nur zu noch mehr Gottlosigkeit führt. Befähige ___________________, sich von allem fernzuhalten, was die jugendlichen Leidenschaften weckt und nach Gerechtigkeit, Glauben, Liebe und Frieden zu streben, zusammen mit allen, die mit aufrichtigen Herzen den Herrn anrufen. Möge sie/er sich nicht an dummen, unreifen Auseinandersetzungen beteiligen, die nur Streit auslösen. Wer dem Herrn dient, darf nicht streiten, sondern muss zu allen freundlich sein, überzeugend lehren und auch mit schwierigen Menschen Geduld haben können. Hilf ____________________, denen, die sich der Wahrheit widersetzen, freundlich den richtigen Weg zu zeigen. Vielleicht wird ja Gott diese Menschen zur Umkehr bewegen, sodass sie die Wahrheit erkennen und zur Besinnung kommen. Dann werden sie aus der Falle des Teufels entkommen, der sie in seinem Bann hielt, sodass sie seinen Willen taten.

NACH 2. TIMOTHEUS 2,14-16,22-26

Der Friede, der von Christus kommt, regiere in euren Herzen. Denn als Glieder des einen Leibes seid ihr alle berufen, im Frieden miteinander zu leben. Und seid immer dankbar! Gebt den Worten von Christus viel Raum in euren Herzen. Gebraucht seine Worte weise, um einander zu lehren und zu ermahnen. Singt, von Gnade erfüllt, aus ganzem Herzen Psalmen, Lobgesänge und geistliche Lieder für Gott. Und alles, was ihr tut oder sagt, soll im Namen von Jesus, dem Herrn, geschehen, durch den ihr Gott, dem Vater, danken sollt!

KOLOSSER 3,15-17

4

Um die Errettung von Kindern beten

Ihnen sollen die Augen geöffnet werden, damit sie sich vom Dunkel zum Licht und aus der Macht des Satans zu Gott bekehren. Dann werden sie Vergebung für ihre Sünden und einen Platz im Volk Gottes empfangen, alle, die durch den Glauben an mich ausgesondert sind.

Apostelgeschichte 26,18

Nicole Jiles war in der fünften Klasse, als sie durch einen kleinen Bibelkurs in einem Bootshaus nahe der Schule zum ersten Mal von Jesus hörte. Da ihre Familie keine Gemeinde besuchte, hörte sie so erst mit 15 Jahren eine klare Darstellung des Evangeliums und gab ihr Herz dem Herrn. Wenige Monate später zog sie um und fing an, regelmäßig eine Gemeinde zu besuchen. Von da an betete sie inständig, dass auch ihre beiden Schwestern und ihre Mutter ihr Herz dem Herrn geben würden. Immer wieder betete sie: „Herr, in 2. Petrus 3,9 steht, dass du nicht willst, dass auch nur ein Mensch verloren geht, sondern du möchtest, dass alle zu dir umkehren. Bitte hilf meinen Schwestern und meiner Mom, dich kennen zu lernen. Lass sie nicht verloren gehen, sondern zu dir umkehren."

Eine nach der anderen kamen sie zu Christus. Und nicht nur ihre Schwestern, sondern auch deren Ehemänner und Kinder. Zu Gottes vollkommener Zeit erhörte er ihr Gebet, indem er – wie in Epheser 3,20 beschrieben – unendlich viel mehr tat, als sie erbeten und erhofft hatte.

Ihre Mutter war fünf Mal verheiratet gewesen, bevor sie schließlich Christus als ihren Erlöser annahm und dann einen gläubigen Mann heiratete. Nicoles Mutter ist kürzlich gestorben, aber Nicole findet Trost in der Gewissheit, dass sie ihre Mutter wiedersehen wird.

Das ist eine gute Erinnerung daran, dass wir alle für unsere unerlösten Angehörigen beten müssen – ganz gleich, unter welchen Umständen. Und wir sollen in unseren Gebeten beharrlich sein, denn auch wenn es manchmal so scheint, als würde der Herr die Erfüllung seiner Zusage hinauszögern, ist das nach 2. Petrus 3,9 nicht der Fall, sondern er „wartet, weil er Geduld mit uns hat. Denn er möchte nicht, dass auch nur ein Mensch verloren geht, sondern dass alle Buße tun und zu ihm umkehren".

Mein (Cyndies) Vater wuchs, wie er selbst sagt, als „Gauner" auf. Als junger Teenager zündete er einen Laubhaufen unter ihrem Schlafzimmerfenster an, um die Aufmerksamkeit meiner Mutter zu bekommen. Viele Jahre später erfuhren wir, dass mein Vater auf der geistlichen „Geburtsliste" einer örtlichen Gemeinde stand und treue Gebetskämpfer für ihn Gebetsfürsprache hielten, damit er in Christus neugeboren wird. Das hatte er tatsächlich bitter nötig! Nachdem er die High School abgebrochen hatte und zu den Marines gegangen war, tauchte er eines Tages in seiner Uniform in dem Soda-Shop auf, in dem meine Mutter mit ihrer Freundin saß. Wie meine Mutter erzählte, genügte ein Blick auf ihn in seiner Uniform, um sich in ihn zu verlieben. Bald darauf waren die beiden Teenager verheiratet.

Sechs Kinder später waren wir in der sehr heißen und windigen Stadt Twentynine Palms in Kalifornien stationiert, und mein Vater konnte endlich in die Kirche gehen – dank der Klimaanlage im Gebäude. Meine beiden ältesten Schwestern hatten angefangen, mit den meisten von uns Kindern in die Sonntagsschule zu gehen, als wir noch in Oceanside lebten, aber die entlegene Gemeinde war zu weit entfernt, um sie zu Fuß zu erreichen. Am Ende fuhr uns mein Vater hin. Ursprünglich hatte er vor, jedes Mal auf dem Parkplatz auf uns zu warten, aber die Hitze wurde ihm zu viel. Von der Klimaanlage angelockt ging er hinein und setzte sich in die hinterste Bank. In dieser Kirche hörte er das

Evangelium und bekehrte sich von ganzem Herzen zu Christus. Viele Jahre lang leitete er Jugendgruppen und die Technikerteams der Gemeinde, bis Gott ihn heimrief. Ich bin der festen Überzeugung, dass die treue Fürbitte der damaligen Gebetskämpfer für die Kinder der „Geburtsliste" den Weg zur Errettung meines Vaters bahnten – und damit auch zur Erlösung der vielen Menschen, die er beeinflusst hat.

Es ist nie zu früh, für ein Kind zu beten, dass es zu Christus kommt. Vielleicht werden Sie nie erfahren, welche Wege Gott dieses Kind in seinem Leben geführt hat, um Ihr Gebet zu erhören und es zu seiner vollkommenen Zeit zu erretten. Der Name meines Vaters war nur einer von vielen auf jener Liste von Babys, für die gebetet wurde. Die damals Betenden kannten ihn und seine Familie vielleicht kaum. Dennoch beteten sie. Und diese Gebete beeinflussten nicht nur einen einzelnen Mann, sondern seine gesamte Familie – und jede andere Person, bei der uns die Gelegenheit geschenkt wurde, sie Christus näher zu bringen.

Für welches Kind hat Gott Sie ins Gebet gerufen, damit es eine lebensverändernde Beziehung zu Christus bekommt? Vielleicht ist es die Nachbarin mit ihrem neugeborenen Baby oder die Mutter, die ihre Kids jeden Morgen zur Schule bringt und ihr Jüngstes dabei im Buggy schiebt. Oder es ist Ihr eigenes Kind, ein Enkelkind oder ein anderes Kind aus Ihrer Verwandtschaft. Am Ende dieses Kapitels geben wir Ihnen die Gelegenheit, für dieses Kind zu beten, indem Sie seinen Namen in die biblischen Gebete um Errettung einfügen.

Für welches Kind hat Gott Sie ins Gebet gerufen, damit es eine lebensverändernde Beziehung zu Christus bekommt?

Gott zögert nicht, seine Zusagen zu erfüllen

Kürzlich erhielten wir den folgenden Erfahrungsbericht einer Mutter in Südamerika.

Als ich 40 wurde, geschah etwas in meinem Leben: Der Herr offenbarte sich mir und zeigte mir meine Sünden. Ich stellte mich den Tatsachen und ging vor ihm auf die Knie. Gott vergab mir und schenkte mir eine neue Chance für meine Zukunft. Ich machte erste Erfahrungen mit einem ganz neuen Leben. Und ich fing an, für meinen Sohn zu beten.

Vor etwa drei Jahren wurde bei ihm der HI-Virus diagnostiziert, aber er konnte früh behandelt werden, und heute sind die Ergebnisse negativ. Er muss aber für den Rest seines Lebens Medikamente einnehmen. Letztes Jahr lernte ich den Gebetsdienst von *Moms in Prayer* kennen und spürte, dass der Herr mich ruft, auf ganz andere Art und Weise für meinen Sohn zu beten. Inzwischen habe ich mich mit diesem Dienst vertraut gemacht, damit ich auch anderen Müttern helfen kann zu beten.

Das Wichtigste aber, und der Grund, warum ich Ihnen schreibe, ist: Gestern Abend besuchte mein Sohn, der in Buenos Aires lebt, zum ersten Mal eine evangelikale Gemeinde. Er erlebte die Gegenwart des Herrn und empfing Vergebung. Nie zuvor habe ich meinen Sohn mit solcher Zuversicht und so viel Freude reden hören. Ich juble vor Freude und ich danke meinem Herrn von ganzem Herzen. Jetzt habe ich neue Kraft, um weiterzubeten.

Bibelgebete für die Unerretteten

Gott, du hast ___________________ so geliebt, dass du deinen einzigen Sohn für sie/ihn hingegeben hast. Hilf ___________________, an dich zu glauben, damit sie/er nicht verloren geht, sondern das ewige Leben hat.

nach Johannes 3,16

Herr, wir danken dir, dass du nicht zögerst, deine Zusagen zu erfüllen, wie manche meinen, sondern vielmehr Geduld mit uns hast. Du willst nicht, dass auch nur ein Mensch verloren geht, sondern möchtest, dass alle zu dir umkehren. Herr, ich bete, dass ___________________ zu deiner vollkommenen Zeit Buße tut und zu dir umkehrt.

nach 2. Petrus 3,9

Herr, da der Lohn der Sünde der Tod ist, hilf ___________________, das ewige Leben durch Christus Jesus, unseren Herrn anzunehmen, das du ihr/ihm als unverdientes Geschenk anbietest.

nach Römer 6,23

Hilf ___________________, deiner Liebe und Gnade zu vertrauen; möge ihr/sein Herz über deine Rettung jubeln.

nach Psalm 13,6

Herr, ich bete, dass ___________________
mit dem Mund bekennt, dass Jesus der Herr ist, und in ihrem/seinem Herzen glaubt, dass Gott ihn von den Toten auferweckt hat, damit ___________________ errettet wird.

NACH RÖMER 10,9

Öffne ___________________ die Augen und wende sie/ihn vom Dunkel zum Licht und aus der Macht des Satans zu Gott, damit ___________________ Sündenvergebung empfängt und einen Platz im Volk Gottes erhält mit allen, die durch den Glauben an dich geheiligt sind.

NACH APOSTELGESCHICHTE 26,18

Gib ___________________ ein ungeteiltes Herz und einen neuen Geist; nimm das Herz aus Stein aus ihrem/seinem Körper und gib ihr/ihm stattdessen ein Herz aus Fleisch. Dann wird ___________________ sich an dein Gesetz halten und deine Gebote beachten und befolgen. Dann wird ___________________ wirklich dein Kind sein, und du wirst ihr/sein Gott sein.

NACH HESEKIEL 11,19-20

Zeige ___________________ deine unwandelbare Liebe, Herr, und schenke ihr/ihm dein Heil.

NACH PSALM 85,8

Der Herr ist meine Kraft und mein Loblied; er hat mich gerettet. Er ist mein Gott, ich will ihn loben; er ist der Gott meines Vaters, ich will ihn preisen.

2. Mose 15,2

5

Für Schulaufgaben beten

Wir hören nicht auf, für euch zu beten, seit wir zuerst von euch erfahren haben. Wir bitten Gott, euch Einsicht für das zu schenken, was er in eurem Leben bewirken will, und euch mit Weisheit und Erkenntnis zu erfüllen. Dann werdet ihr mit eurem Leben den Herrn ehren und ihn erfreuen mit allem, was ihr tut. Auf diese Weise werdet ihr Gott immer besser kennenlernen.

KOLOSSER 1,9-10

Als ich (Cyndie) für *Moms in Prayer* arbeitete, bat ich eine Kollegin, für die Mathe-Note meines Sohnes in der High School zu beten. Ich wollte einfach, dass er überhaupt besteht, weil Mathe in der Schule seine Schwachstelle war. Aber was tat meine Freundin? Sie betete um eine Eins! Ich bin nicht sicher, ob ich mein Kichern vor ihr verbergen konnte, während sie Gott um etwas bat, das ein glattes Wunder bedeutete. Aber raten Sie mal, was geschah. Er wechselte den Mathekurs und wählte einen computerunterstützten Mathekurs mit einer unglaublich ermutigenden Lehrerin. Erraten Sie, welche Note er bekam? Ja, tatsächlich eine Eins! Also, eigentlich hätte ich nicht überrascht sein sollen, denn Gott kann „unendlich viel mehr tun, als wir je bitten oder auch nur hoffen würden“ (Epheser 3,20). Nun, jedenfalls hat diese Erfahrung mich daran erinnert, groß zu beten, für die schulische Entwicklung der Kinder ebenso wie für ihre charakterliche.

Natürlich erhört Gott unsere Gebete für die Schulnoten unserer Kinder nicht immer, denn ihm geht es wirklich mehr um ihren Charakter als um ihr Wohlbefinden. Aber er weiß, dass unsere Kinder manchmal diese zusätzliche Erinnerung an seine Gnade brauchen. Mein Sohn Elliott hatte von klein auf mit Legasthenie zu kämpfen, und die Hausaufgaben waren oft eine Qual für mein unkonventionelles, kreatives Kind, dem alles andere lieber war, als ein Arbeitsblatt auszufüllen – vor allem eines mit Zahlen. Doch die Geschichte seines Lebens ist von Wunder über Wunder geprägt: Zum Beispiel ermutigte Gott ihn durch Lehrer, die ihm erlaubten, einen Sonderweg zu gehen und ein Video zu drehen, statt ein Formular für eine Buchbesprechung auszufüllen, und er ließ ihn auf den einen computergestützten Mathekurs aufmerksam werden, der ihm half, die Scheu vor Arbeitsblättern zu überwinden, auf denen neben Buchstaben auch Zahlen stehen.

Es ist erst ein paar Monate her, da konnte ich die Tränen der Dankbarkeit kaum zurückhalten, als er über die Bühne schritt, um sein College-Diplom in Empfang zu nehmen, mit den goldenen Quasten um den Hals, die seine hart erarbeiteten akademischen Leistungen bezeugten. Gott hat unsere Gebete wirklich erhört und Elliott geholfen, in der Schule nicht nur durchzuhalten, sondern sogar gute Noten zu erzielen, die ihm großes Lob von Lehrern und Mitschülern brachten.

Anhaltend beten!

Manchmal fällt es schwer, für die schulischen Leistungen unserer Kinder zu beten. Wir sehen sie an ihren Handys sitzen, statt zu lernen, oder wir haben Zweifel, wie viel Mühe sie für ihren Bericht oder eine Prüfungsvorbereitung aufgewendet haben. Wenn wir für den Charakter unserer Kinder beten, werden wir daran erinnert, dass wir nicht nur für ihre Noten, sondern auch für ihre Lernbereitschaft beten müssen. Beten Sie darum, dass Ihre Kinder ausdauernd sind, gute Lerngewohnheiten entwickeln, Spaß an ihren Fächern haben und das Gelernte verinnerlichen können. Beten Sie für jüngere Kinder besonders, dass sie so unterrichtet werden können, wie es ihrem Lernstil entspricht.

Wir erinnern uns daran, dass wir nicht nur für ihre Noten, sondern auch für ihre Lernbereitschaft beten müssen.

Beten Sie um wachsende Gotteserkenntnis

Ich (Sally) habe oft mit diesem Bibelabschnitt aus Kolosser 1,9-12 für meine Kinder gebetet:

> Wir bitten Gott, euch Einsicht für das zu schenken, was er in eurem Leben bewirken will, und euch mit Weisheit und Erkenntnis zu erfüllen. Dann werdet ihr mit eurem Leben den Herrn ehren und ihn erfreuen mit allem, was ihr tut. Auf diese Weise werdet ihr Gott immer besser kennenlernen. Zugleich beten wir darum, dass ihr die herrliche Kraft Gottes erfahrt, damit ihr genug Geduld und Ausdauer habt für die Anforderungen, die an euch gestellt werden. Mit Freude sollt ihr ihm danken, weil er euch am Erbe derer beteiligt, die im Licht leben und zu ihm gehören.

Unsere Kinder brauchen Ausdauer und Geduld, um in der Schule durchzuhalten. Und im Unterricht gut zu arbeiten bedeutet für sie, in den schulischen Anforderungen ihr Bestes zu geben. Im Buch Daniel lesen wir, dass Daniel und seine drei Freunde die babylonischen Wissenschaften erlernen mussten. Sie wurden die besten Studenten und akademisch erfolgreich, weil sie an Gott und seiner Wahrheit festhielten und sich so rein hielten.

> Und Gott schenkte diesen vier jungen Männern Einsicht und Verständnis für die Wissenschaft und alle Schriften ihrer Zeit … Als die Zeit der dreijährigen Ausbildung beendet war, führte der oberste Palastbeamte die jungen Männer vor den König, genau wie dieser es angeordnet hatte. Der König unterhielt sich mit allen jungen Männern. Keiner jedoch konnte an Daniel, Hananja, Mischaël und Asarja heranreichen. So wurden sie in den Dienst des Königs gestellt. Und immer, wenn eine schwierige Frage beraten werden musste, die Verstand und Einsicht erforderte, wandte sich der König an diese Männer. Dabei fiel ihm auf, dass sie allen Gelehrten und Zeichendeutern seines Reiches zehnmal überlegen waren. Daniel 1,17-20

Unsere Kinder können das auch. Alle meine vier Kinder kamen in der Schule gut voran, während ich und andere Mütter für sie beteten und sie ermutigten. Jedes meiner Kinder hatte andere Fähigkeiten, Lerntechniken, Lehrer und Schwierigkeiten. Was war das Gemeinsame? Ich und andere beteten jede Woche mit Gottes Wort für sie. Wir blieben im Gebet dran, damit sie im Unterricht dranbleiben konnten!

Als mein Ältester im High School-Alter Anfälle bekam, hatten die zur Vorbeugung und Linderung verordneten Medikamente zur Folge, dass es ihm schwerfiel, konzentriert zu lernen und im Unterricht wach zu bleiben. Statt durchweg Bestnoten zu erzielen, schaffte er gerade noch die Mindestanforderungen. Als eine der anwesenden Mütter bei der Abschlussfeier jubelte ich am lautesten, als er auf die Bühne ging, um sein Abschlusszeugnis entgegenzunehmen!

Anschließend machte er seinen College-Abschluss mit Philosophie als Schwerpunkt. Wie Daniel kam er in den Fächern voran und ließ Gott nie los, sodass er auf dem Campus viele für Christus erreichte. Jetzt ist er kurz davor, Lehrer zu werden.

Ich glaube wirklich, dass unser Gebet den entscheidenden Unterschied in der schulischen Entwicklung meiner Kinder machte. Ein Kind kann in der Schule gut abschneiden und trotzdem eng mit Christus verbunden sein. Wenn wir beten, werden unsere Kinder tatsächlich in jedem guten Werk Frucht bringen.

Bibelgebete für eine gute schulische Entwicklung

Was immer __________________ tut, möge sie/er es mit Eifer und Freude tun, um Gott zu dienen und nicht Menschen.

NACH KOLOSSER 3,23

Gib __________________ Einsicht und Verständnis für die Wissenschaft und alle Arten von Schriften.

NACH DANIEL 1,17

Befähige __________________, Mut zu fassen und zu arbeiten. Denn der Herr, der Allmächtige, ist mit ihr/ihm.

NACH HAGGAI 2,4

Ich bete, dass __________________ immer mehr an Weisheit und Ansehen beim Herrn und bei den Menschen gewinnt.

NACH 1. SAMUEL 2,26 UND LUKAS 2,52

Lass __________________ erkennen, dass du, Herr, Weisheit schenkst. Aus deinem Mund kommen Erkenntnis und Einsicht. Du schenkst den Aufrichtigen Gelingen und beschützt die Gottesfürchtigen. Du bewahrst die, die gerecht handeln, und behütest die, die dir treu sind.

NACH SPRÜCHE 2,6-8

Hilf ____________________ zu verstehen, dass zwar keine Strafe angenehm ist und auch schmerzt, während wir sie erleiden, dass aber danach diejenigen, die auf diese Weise geformt werden, inneren Frieden und ein Leben in der Gerechtigkeit gewinnen.

nach Hebräer 12,11

Führe ____________________ und lehre sie/ihn, nach deiner Wahrheit zu leben, denn du bist der Gott, der sie/ihn rettet. Lass ____________________ zu jeder Zeit auf dich hoffen.

nach Psalm 25,5

Möge ____________________ sich nicht der Mehrheit anschließen, wenn diese Böses plant.

nach 2. Mose 23,2

Erinnere ____________________ daran, dass harte Arbeit sich am Ende immer lohnt, während bloßes Reden in die Armut führt!

nach Sprüche 14,23

Ich bete, dass ____________________ darauf vertraut, dass sie/er deine Schöpfung ist, in Christus Jesus neu geschaffen, die guten Taten auszuführen, die du für ihr/sein Leben vorbereitet hast.

nach Epheser 2,10

Wir freuen uns auch dann, wenn uns Sorgen und Probleme bedrängen, denn wir wissen, dass wir dadurch lernen, geduldig zu werden. Geduld aber macht uns innerlich stark, und das wiederum macht uns zuversichtlich in der Hoffnung auf die Erlösung. Und in dieser Hoffnung werden wir nicht enttäuscht werden. Denn wir wissen, wie sehr Gott uns liebt, weil er uns den Heiligen Geist geschenkt hat, der unsere Herzen mit seiner Liebe erfüllt.

RÖMER 5,3-5

6

Um Schutz beten

Aber der Herr ist treu; er wird euch stärken und euch vor dem Bösen bewahren.

2. THESSALONICHER 3,3

Im Tagesverlauf, wenn unsere Gedanken zu unseren Kindern wandern, sind unsere Gebete oft „Gebetspfeile" zum Schutz vor unterschiedlichen Bedrohungen: vor einer Schießerei in der Schule, vor Mobbing, vor Missbrauch oder vor Satan, der in einem unbedachten Moment unsere Kinder angreift. Was können wir tun, um für sie einzutreten? Wir können beten!

Oft habe ich (Cyndie) mit Freundinnen dafür gebetet, dass Gott unsere Kinder mit einem „Schutzwall" umgibt. Auch wenn wir die Wirkweise dieser Gebete nicht immer völlig verstehen, gibt es Zeiten, in denen Gottes Fürsorge und seine Antwort auf unsere Gebete deutlich erkennbar sind. Meine Freundin Cathy Menconi erzählte mir von ihrer Tochter, die mit einer College-Gruppe in Israel war. Dort bewahrte Gott die ganze Gruppe und sie auf erstaunliche Weise vor dem Tod, als sie gerade einen Zebrastreifen überquerten und ein Auto, das eine rote Ampel überfahren hatte, direkt auf sie zuraste. Das Auto wurde jedoch durch einen anderen Wagen abgefangen, mit dem es kollidierte. Wie durch ein Wunder überlebte der Fahrer den schweren Unfall. Die College-Gruppe war nur Zentimeter von der Aufprallstelle entfernt. Am nächsten Tag war bei der Anbetungszeit zufällig ein Foto von genau dieser Kreuzung der Hintergrund für einen Liedtext. Folgende Worte standen über dem Bild der Kreuzung: „Beschützer meines Lebens, du hast mich nicht verlassen. Halleluja." Was für ein starkes Beispiel dafür, wie Gott als unser Beschützer eingreift!

Ein anderes Mal rief Cathys Tochter zuhause an und bat um Gebet, weil sie mitten in einem Sturm zu ihrem Wohnheim zurückfahren musste. Sie hatte drei Freundinnen besucht, die nach einem Autounfall im Krankenhaus lagen – einem Unfall, bei dem Gott verhindert hatte, dass Cathys Tochter beteiligt war! Zum Zeitpunkt des Telefonats ahnte Cathy nicht, warum ihre Fürbitte so wichtig und dringend war. Ohne dass sie und ihre Tochter etwas davon wussten, waren nur deshalb keine Autos auf der Straße, weil alle anderen die Sturmwarnung gehört hatten und zuhause geblieben waren.

Gott schützte Cathys Tochter, und er bewahrte sie und ihre Mutter auch in ihren Herzen und Gedanken, indem er verhinderte, dass sie die Sturmwarnung hörten, bis Cathys Tochter sicher im Wohnheim angekommen war. Später sahen sie die dramatischen Berichte über die verheerenden Zerstörungen ganz in der Nähe: weggerissene Dächer, umgestürzte Autos, um Baumstämme gefaltete Autos. Gott hatte das Gebet um Schutz in einer Weise beantwortet, die sie gar nicht in Worte hätte fassen können, indem er sie während der zweistündigen Fahrt durch einen verheerenden Hurrikan davor bewahrte, die beunruhigenden Meldungen zu hören.

Beten, dass Gott unsere Schulen beschützt

Schüler und Schülerinnen, die sicher in der Schule ankommen, sind damit noch nicht immer in Sicherheit. Leider wird das mit jedem Jahr deutlicher, wie Berichte über Gewalttaten in Schulen und Bedrohungen durch Außenstehende zeigen. Wir müssen aufstehen und beten, dass Gott jede einzelne Schule und Universität mit einem Schutzwall umgibt. Wir haben schreckliche Tragödien auf dem Campus erlebt, darunter eine sinnlose Massenerschießung, die Studenten und Dozenten in Angst und Schrecken versetzt. Biblisches Gebet ist die „Waffe", die wir nutzen müssen, um Kinder und Schulen zu schützen, bevor es zu einer Tragödie kommt.

Ich (Sally) wurde unzählige Male von Schulangestellten gefragt, ob sich an ihrer Schule eine *Moms in Prayer*-Gruppe einrichten ließe. Sie hatten die Kraft des Gebets gespürt und erlebt und wissen, dass sie Schutz erfahren, wenn wir beten. Ein Schulleiter, der kein Christ war, erklärte mir gegenüber, unsere Gebete seien wie ein Schirm für seine Schule.

Wir müssen aufstehen und beten, dass Gott jede einzelne Schule und Universität mit einem Schutzwall umgibt.

Besonders schmerzlich ist es, wenn wir erkennen, dass wir hätten beten sollen und es nicht getan haben. Einmal sprach eine mutige, großartige Leiterin unter Tränen mit mir, als wir nach einer Schießerei an der Schule ihrer Kinder gemeinsam beteten. Ihre *Moms in Prayer*-Gruppe hatte das Jahr mit Gebetstreffen begonnen, aber nach ein paar Monaten wieder aufgehört, weil sie sehr beschäftigte Mütter waren und für ihre Kinder und die Schule alles gut zu laufen schien. Doch dann wurde die Schule auf schreckliche Weise zum Ziel einer weiteren Schießerei, bei der unschuldige Kinder ums Leben kamen. Jesus sagt uns, dass wir beständig beten und nicht nachlassen sollen (Lukas 18,1). Normalerweise hören wir auf zu beten, wenn wir entmutigt sind, aber manchmal hören wir auch auf zu beten, weil alles gut zu laufen scheint. Unsere Kinder und Schulen brauchen immer unser Gebet! Es gibt einen unglaublichen Kampf um ihre Seelen! „Ein Dieb will rauben, morden und zerstören. Ich aber bin gekommen, um ihnen das Leben in ganzer Fülle zu schenken" (Johannes 10,10).

Herr, gib ________________ Mut, gegen den Dieb zu stehen, der nur kommt, um zu rauben, zu morden und zu zerstören. Ermächtige sie/ihn, das Leben, das du schenkst, in ganzer Fülle zu erfahren.

NACH JOHANNES 10,10

Wenn wir durch das Gebet für Schulkinder und ihre Lehrer eintreten, besiegen wir den Feind jedes Mal. Unsere Studenten und Studentinnen brauchen Schutz vor Drogen, Alkohol, sexueller Abhängigkeit, Irrlehre, falschen Entscheidungen, schlechten Freunden, Selbstmord und jeder Art von Schaden, den der Feind ihnen zufügen möchte. In Lukas 21,31-32 steht: „Simon, Simon, der Satan … wollte euch durchsieben wie Weizen. Doch ich habe für dich gebetet, dass dein Glaube nicht aufhöre. Wenn du also später umgekehrt und zu mir zurückgekommen bist, dann stärke deine Brüder."

Woche für Woche treffen sich Frauen und beten um Schutz für ihre Kinder und Enkel und die Schulen, die sie besuchen. Wir beten, dass alle, die Böses planen, gefasst oder ihre Pläne vereitelt werden. Gott erhört Gebet. Erst dieses Jahr wurde an unserem Studienkolleg der Plan eines Studenten, andere Studierende zu erschießen, verhindert. Ich bekomme immer wieder Geschichten wie diese zu hören, Geschichten von Drogendealern, Sexualstraftätern und anderen, die geschnappt werden, bevor einem Campus Schaden zugefügt wird.

Nach einer Tragödie beten

Manchmal beten wir, und es kommt trotzdem zu einer Tragödie; doch wir erleben, wie Gott mitten in unserer Trauer und Not handelt und Menschen zu Christus kommen. Die Gruppe von

Frauen, die aufgehört hatten zu beten, und dann eine Tragödie an der Schule ihrer Kinder erlebten, vergossen viele Tränen. Doch dann verpflichteten sie sich, die Gebetsarbeit wieder aufzunehmen. Heute erleben sie Gottes Gnade, Barmherzigkeit und Errettung in ihrer Nachbarschaft. Hier ist der Bericht einer regionalen Koordinatorin von *Moms in Prayer* über die Ereignisse:

Leider wurden viele Schulen in diesem Jahr von tragischen Schießereien getroffen. Es belastet uns sehr, diese Art von Gewalt zu erleben. Ich weiß aber: Während wir für die Studierenden, die Fakultät und die betroffenen Familien beten, hat Gott in den dunkelsten Stunden Hoffnung und Trost in Jesus Christus gebracht. Als diese Tragödie geschah, versammelten sich *Moms in Prayer* International-Gruppen zum Gebet. Wir vertrauten darauf, dass Gott alle „heilt, die zerbrochenen Herzens sind, und ihre Wunden verbindet" (Psalm 147,3).

Herr, heile das zerbrochene Herz von
__________________ und verbinde ihre/
seine Wunden.

nach Psalm 147,3

Was ich bei dieser Tragödie erlebt habe, war ein allmächtiger Schöpfer, der sein Volk versammelte: Benachbarte Gemeinden handelten schnell und richteten am Tag der Schießerei eine Mahnwache ein. Mehrere Gemeinden der Region beteiligten sich an der ersten Welle der Hilfsmaßnahmen für die Opfer der Schießerei, besonders diejenigen, die selbst Schüler und Schülerinnen hatten, die diese Schule besuchten. Gott gab den Familien die einzige Hoffnung (Psalm 3,2-6). Er ist der Einzige, der Frieden schenken kann, wo es nichts als Trauer und Not, Zorn und Wut und Verwirrung gibt (Psalm 29,11). Er gab Hinweise, die uns allen dazu dienten, Christus in dieser Tragödie an der vordersten Front wirken zu sehen (1. Petrus 1,3-6).

Ich glaube, dass unser himmlischer Vater seine Kinder nicht in tiefer Traurigkeit hängen lässt. Irgendwann kommt die Freude, und sie kommt zu Gottes Zeit. Als Landeskoordinatorin von *Moms in Prayer* habe ich erlebt, wie eine vielbeschäftigte, eher gelassene Gruppenleiterin durch die Umstände dieser Tragödie aufgerüttelt wurde und ganz neuen Eifer entwickelte. Früher hatte ich eine Gruppe, die sich nur selten traf; jetzt habe ich eine Gruppe, die in zwei aufgeteilt wurde, sodass nun zweimal in der Woche für die Schule gebetet wird: einmal tagsüber und einmal abends, damit auch die berufstätigen Mütter teilnehmen können. Zeiten des Leids sind ein Nährboden, aus dem wir Kräfte schöpfen, die sonst nirgends zu finden sind. Sie stärken und erneuern das Rückgrat und Mark unseres Glaubens. Ich weiß gewiss, dass unser Herr denen nahe ist, deren Herz gebrochen ist, und diejenigen rettet, deren Geist niedergeschlagen ist. Uns ist eine besondere Nähe versprochen, die wir eines Tages genießen werden, wenn wir auf ihn schauen, der unser Erlöser und unsere Stärke ist.

Gegen Angst beten

Linda Vogel aus Texas erzählte die folgende Geschichte über Gottes Schutz.

Hurrikan Harvey fegte im August 2017 über uns hinweg und überschüttete uns mit 1200 Millimeter Regen. Unsere High School und viele, viele Häuser unserer Stadt wurden überflutet. Die Schüler und Schülerinnen mussten das Schuljahr mit Bustransfers zu einer entlegenen High School beginnen.

Viele verloren nicht nur ihre Schule, sondern auch ihr Zuhause. Im März 2018 konnten sie endlich wieder in ihre eigene Schule zurückkehren. Aber viele wohnen noch immer nicht in ihrem Zuhause.

Ich bemerkte eine wachsende Angst in den Herzen der Mütter, deren Kinder die High School besuchten. Sie befürchteten eine Schießerei in der Schule. In einer solchen Zeit brauchten die Eltern von Kingwood einen vergewissernden Zuspruch. Also rief ich meine alte High School-Gebetsgruppe der 80er-Jahre zusammen und kontaktierte die aktuelle Gebetsgruppe von *Moms in Prayer* an der High School. Mit vereinten Kräften erstellten wir einen Plan für unser gemeinsames Gebet. Die Schule gab uns die Erlaubnis, am Sonntag einen Gebetsmarsch auf dem Gelände der Kingwood High School zu veranstalten. Wir stellten uns vor dem Schulgelände auf, wo wir Loblieder sangen, dem Herrn dankten und ihn baten, seinen Schutzschild aufzurichten. Drei Generationen beteiligten sich: die Mütter der ursprünglichen Gebetsgruppe, die Mütter der aktuellen Gebetsgruppe und einige ihrer Kinder und Enkel. Ein wahrer Generationensegen!

Wir sind keine Opfer. Gebet ist die beste Antwort auf eine Bedrohung, die wir mit menschlichen Mitteln nicht bekämpfen können. Wir können unsere gestressten und besorgten Mütter mit diesen beruhigenden Worten aus Klagelieder 2,19 trösten: Wir haben unsere Herzen vor dem Herrn ausgeschüttet und unsere Hände zu ihm erhoben, um für das Leben unserer Kinder zu beten.

Steh auf, schrei in der Nacht zu Beginn jeder Nachtwache. Schütte dem Herrn dein Herz aus wie Wasser. Heb deine Hände wegen deiner Kinder zu ihm auf, die an allen Straßenecken verhungern.

Klagelieder 2,19

Oft ist es die elterliche Angst, die uns motiviert zu beten. Janet erzählt:

> Unsere Tochter hatte sich an juristischen Fakultäten beworben und war überglücklich und begeistert, als sie von der Harvard Law School eine Zusage erhielt.
>
> Obwohl ich wusste, dass es eine große Ehre bedeutete und ich sehr stolz auf sie war, erfasste mich ein Gefühl der Angst. Ich hatte Angst, es könnte eine gottfeindliche Umgebung sein, wo man sie mit Lebensphilosophien verwirren würde, die zwar weise erscheinen, in Wirklichkeit aber haltlos sind. Gott sprach zu mir durch sein Wort: „Hab keine Angst und verliere nicht den Mut, denn der Herr selbst wird vor dir hergehen. Er wird bei dir sein. Er wird sich nicht von dir zurückziehen und dich nicht im Stich lassen" (5. Mose 31,8).
>
> Gott würde vor ihr hergehen. Er würde und wird immer bei ihr sein und sie nicht im Stich lassen. Warum habe ich Angst vor Menschen, wenn Gottes Zusagen so klar sind? Gott zeigte mir sein souveränes Handeln auch dadurch, dass meine Tochter nicht nur von einer, sondern sogar von zwei christlichen Clubs an der Fakultät E-Mails erhielt. Sie nahmen Kontakt mit ihr auf, bevor sie überhaupt angekommen war. Er hat seine Leute überall. Er ließ auch einen neuen Dekan für die Fakultät berufen, der unsere Überzeugungen eher teilte. Das war ein Wunder. Meine Gebete um Schutz gehen weiter, während meine Tochter ihr erstes Jahr abschließt, doch inzwischen bete ich mit größerer Zuversicht und klaren Gedanken! Gott liebt unsere Tochter so sehr. Er hält sie in seiner schützenden Hand. Danke, Herr!

Bibelgebete um Schutz

Diese Gebete eignen sich für ein Kind, ebenso wie für eine Schule oder Universität. Bitte dann entsprechend anpassen.

Herr, erfülle nicht die Wünsche der Gottlosen!
Lass ihre schlimmen Vorhaben nicht gelingen,
sie würden sonst zu hochmütig werden.

Psalm 140,9

Möge ____________________ unter deinem Schutz sein, lass deine Treue und Güte sie/ihn behüten.

nach Psalm 61,8

Herr, du bist treu. Bewahre ________________ vor dem Bösen und stärke sie/ihn.

nach 2. Thessalonicher 3,3

Gib ____________________ Besonnenheit und Wachsamkeit, denn der Feind, der Teufel, schleicht umher wie ein brüllender Löwe und sucht, wen er verschlingen könnte.

nach 1. Petrus 5,8

Die bei dir Zuflucht suchen, die sollen sich freuen, sie sollen Loblieder singen in alle Ewigkeit. Bitte behüte ________________ in dir, denn freuen sollen sich alle, die deinen Namen lieben.

NACH PSALM 5,12

Vater, niemand soll ________________ gefangen nehmen oder verwirren durch Gedankengebäude und unsinnige Ideologien, die alle nicht von Christus kommen. All das beruht nur auf menschlichen Gedanken und entspringt den bösen Mächten dieser Welt.

NACH KOLOSSER 2,8

Herr, bewahre und behüte ________________ vor lügnerischen Menschen.

NACH PSALM 12,8

Möge ________________ aufrichtig und ehrlich vor dir leben, weil sie/er ihre/seine Hoffnung auf dich setzt.

NACH PSALM 25,21

Herr, du bist den Zerbrochenen nahe, die es an der Schule/Einrichtung/Universität ________________ gibt, du rettest die, die den Mut verloren haben.

NACH PSALM 34,19

Herr, sei ein Schutz für ___________________, bewahre sie/ihn vor Angst und Sorgen. Lass sie/ihn über deine Rettung jubeln. Der Herr spricht zu ___________________: Ich will dir den Weg zeigen, den du gehen sollst. Ich will dir raten und dich behüten.

NACH PSALM 32,7-8

Herr, du sagst zu ___________________: Sei stark und mutig! Hab keine Angst und verzweifle nicht. Denn ich, der Herr, dein Gott, bin mit ___________________, wohin sie/er auch geht.

NACH JOSUA 1,9

Erinnere ___________________, dass ihre/seine Hilfe vom Herrn kommt, der Himmel und Erde gemacht hat. Er wird nicht zulassen, dass ___________________ stolpert oder fällt oder den Fuß an einem spitzen Stein stößt. Der Hüter Israels schläft und schlummert nicht.

NACH PSALM 121,2-4

Herr, rette ___________________ vor bösen Menschen. Beschütze ___________________ vor denen, die Gewalt anwenden, vor denen, die Böses vorhaben und den ganzen Tag Unruhe stiften. Bewahre ___________________ vor ihren verletztenden Worten und ihren tödlichen Reden. Bewahre ___________________ vor den Menschen, die Fallen aufstellen, die Fallstricke und Netze auslegen.

NACH PSALM 140,1-6

Herr, schenke, dass ___________________ sich durch Veränderung der Denkweise weiter in einen neuen Menschen verwandelt. Damit sie/er weiß, was Gott von ihr/ihm will: Das, was gut ist und ihn freut und seinem vollkommenen Willen entspricht.

NACH RÖMER 12,2

Herr, stärke ___________________ gegen den Dieb, der in der Nacht kommt, um zu rauben, zu morden und zu zerstören. Gib ___________________ die Gewissheit, dass du gekommen bist, um ihr/ihm das Leben in der ganzen Fülle zu schenken.

NACH JOHANNES 10,10

Ich liebe dich,
Herr, durch dich bin ich stark!
Der Herr ist mein Fels, meine Burg und mein Retter;
mein Gott ist meine Zuflucht, bei dem ich Schutz suche.
Er ist mein Schild, die Stärke meines Heils und meine Festung!

Herr, wenn ich dich lobe und anrufe,
dann werde ich vor meinen Feinden gerettet.
Die Ketten des Todes umschlangen mich,
die Fluten der Zerstörung gingen über mich hinweg.
Das Totenreich öffnete sich schon vor mir,
der Tod selbst starrte mir ins Gesicht.
Doch in meiner Not betete ich zum Herrn
und schrie zu meinem Gott um Hilfe.
Da erhörte er mich in seinem Heiligtum,
mein Schreien drang durch bis an sein Ohr.

Er streckte seine Hand aus vom Himmel und rettete mich;
er zog mich aus tiefem Wasser herauf.
Er befreite mich von meinen mächtigen Feinden,
von denen, die mich hassten und zu stark für mich waren.
Sie fielen über mich her, als ich am schwächsten war,
doch der Herr gab mir Halt.
Er brachte mich an einen sicheren Ort und rettete mich,
weil er Freude an mir hatte.

Gottes Wege sind vollkommen.
Alle Worte des Herrn sind wahr.
Allen, die sich zu ihm flüchten, bietet er Schutz.

Wer ist Gott außer dem Herrn?
Wer ist ein Fels außer Gott?
Gott gibt mir Kraft und macht den Weg sicher.

Er macht meine Schritte leichtfüßig wie die eines Hirsches
und stellt mich hin auf meine Höhen.
Er bereitet mich auf den Kampf vor und macht mich stark,
sodass ich einen bronzenen Bogen spannen kann.
Du gibst mir rettenden Schutz. Deine Hand hält mich
und durch deine Gnade hast du mich stark gemacht.
Du ebnest den Weg für meine Füße, damit ich nicht stürze.

Ich habe meine Feinde verfolgt und eingeholt,
ich gab nicht auf, bis sie besiegt waren.

PSALM 18,2-7,17-20,31-38

7

Durchtragendes Beten in Leiderfahrungen

Jedes Mal sagte er: „Meine Gnade ist alles, was du brauchst. Meine Kraft zeigt sich in deiner Schwäche." Und nun bin ich zufrieden mit meiner Schwäche, damit die Kraft von Christus durch mich wirken kann.

2. Korinther 12,9

Wenn wir mit Gottes Wort für unsere Kinder beten, sehen wir, wie eine Geschichte des Leids sich zu einer Geschichte des Triumphs in Christus wandelt. Meine (Sallys) Söhne, die inzwischen verheiratete junge Männer sind, haben beide lebenslange, ihr Leben prägende und lebensbedrohliche Krankheiten. Doch Gottes Geschichte mitten in ihrem Leid ist für die Welt ein Beispiel überreicher Gnade durch Jesus Christus, ihren Herrn und Heiland.

Einige der Bibelstellen, mit denen ich häufig für meine Jungs bete, sind den meisten Christen vertraut, es geht um Matthäus 6,19-21 und 6,33-34:

> Sammelt keine Reichtümer hier auf der Erde an, wo Motten oder Rost sie zerfressen oder Diebe einbrechen und sie stehlen können. Sammelt eure Reichtümer im Himmel, wo sie weder von Motten noch von Rost zerfressen werden und vor Dieben sicher sind. Denn wo dein Reichtum ist, da ist auch dein Herz …

> Macht das Reich Gottes zu eurem wichtigsten Anliegen, lebt in Gottes Gerechtigkeit, und er wird euch all das geben, was ihr braucht. Deshalb sorgt euch nicht um morgen, denn jeder Tag bringt seine eigenen Belastungen. Die Sorgen von heute sind für heute genug.

Mein Sohn David hat in zwei Hauptfächern seinen College-Abschluss gemacht, und wenn es zulässig gewesen wäre, hätte er drei Abschlüsse gemacht: in Finanzen, Rechnungswesen und Management. Anschließend bereitete er sich auf seinen Abschluss als Wirtschaftsprüfer vor, und auf ein intensives Bewerbungsgespräch bei einer führenden Wirtschaftsprüfungsgesellschaft. Er hatte einen klaren Plan für sein Leben. Doch plötzlich und ohne Vorwarnung erlitt er einen Darmdurchbruch. Nach zwölf Tagen im Krankenhaus konnte er sich glücklich schätzen, überlebt zu haben.

Herr, hilf ________________, dass sie/er nicht Schätze auf der Erde sucht, wo sie Motten und Rost zerfressen oder Diebe stehlen. Gib ihr/ihm die Kraft, zuerst nach deinem Reich und nach deiner Gerechtigkeit zu suchen, dann wird ihr/ihm alles andere zufallen. Hilf ________________, sich nicht um morgen zu sorgen.

NACH MATTHÄUS 6,19-21,33-34

Nach zwei Tagen zuhause erzählte er mir, was ihn im Herzen bewegte. Er sagte: „Ich habe Gott gefragt, was ich mit meinem Leben anfangen sollte, wenn ich nur noch ein paar Jahre zu leben hätte." Die Beschäftigung mit dieser Frage und Gottes Führung veranlassten David, seine berufliche Laufbahn grundlegend zu ändern und eine Tätigkeit in der Medizinbranche zu wählen.

Sowohl in seinem Beruf als auch in seinem Leben dient er Gott entschieden und setzt sich in unserer Region für Christus ein. Durch die Leiderfahrung hat Gott ihn zu einer neuen Sichtweise geführt, sodass er zuerst Gottes Reich und seine Gerechtigkeit sucht. Ich hätte mir zwar gewünscht, dass Gott diese Krankheit verhindert hätte, aber er benutzte sie, um den Glauben meines Sohnes und seine Lebenseinstellung zu stärken.

Wenn wir mit Gottes Wort für unsere Kinder beten, sehen wir, wie eine Geschichte des Leids sich zu einer Geschichte des Triumphs in Christus wandelt.

Leid kann unseren Glauben stärken

Amanda Cant erzählt eine ähnliche Geschichte darüber, wie Leid unseren Glauben stärken kann – besonders den Glauben unserer Kinder.

Ich wuchs in einer Familie auf, die nicht in die Kirche ging und mir nichts von Gott erzählte. Es war nicht so, dass sie nicht an ihn geglaubt hätten, aber der Kirchenbesuch hatte keine Priorität. Als Teenagerin wurde ich eingeladen, bei einer Freundin zu übernachten und am Sonntag mit ihrer Familie einen Gottesdienst zu besuchen. Die Predigt und die Familienzeit gefielen mir sehr, und ich genoss den Spaß in der Sonntagsschule – sowie natürlich den Donut am Ende! Als ich aufs College kam, wagte ich den Schritt, mein Leben Jesus zu geben und ließ mich taufen. Ich wusste sehr zu schätzen, dass die Entscheidung für Christus mir selbst überlassen blieb. Nie wurde ich zu etwas gezwungen, sondern immer nur ermutigt, und so wollte ich es auch bei meinen Kindern machen.

Der Tag, als ich Mutter wurde, war einer der besten Tage meines Lebens. Nach all der Aufregung, dem Schmerz und den schlaflosen Nächten konnte ich Gottes herrliches Schöpfungswerk selbst betrachten, als ich meiner Tochter in die Augen blickte. Seit ihrem ersten Atemzug bete ich täglich für sie. Ich bete, dass sie sich an Gottes Wort hält und dem Weg folgt, den er für sie bereithält. Ich bete, dass sie in ihrer Schwachheit in ihm Kraft findet. Ich habe gebetet, dass auch sie eines Tages getauft wird. Doch ich habe meine geliebte Mackenzie nie gedrängt, seine Liebe zu suchen, bevor sie nicht selbst bereit ist, sie anzunehmen.

Schon als Mackenzie drei Jahre alt war, wusste ich, dass sie die Welt verändern würde. Sie hatte eine mütterliche Veranlagung und war stark. Sie wurde mit Zwillingsschwestern gesegnet, aber kurz nach der Geburt zeigte sich, dass die eine es nicht schaffen würde und die andere um ihr Leben kämpfen musste. Hinzu kam, dass ihre beiden Großväter innerhalb weniger Monate an Krebs erkrankten. Als ich kurz davor war, die Hoffnung zu verlieren, führte Gott mich zu 1. Korinther 10,13: „Keine Versuchung hat euch ergriffen als nur eine menschliche; Gott aber ist treu, der nicht zulassen wird, dass ihr über euer Vermögen versucht werdet, sondern mit der Versuchung auch den Ausgang schaffen wird, sodass ihr sie ertragen könnt" (ELB).

Keine Versuchung soll ________________
überwinden, außer den Prüfungen, vor
denen alle Menschen stehen. Gott, du bist
treu, bitte lass ________________ nicht
so stark geprüft werden, dass sie/er nicht

mehr widerstehen könnte. Hilf ihr/ihm, in allem standzuhalten.

nach 1. Korinther 10,13

Er gab mir die Kraft, zu kämpfen, und dann erlebte ich, wie Mackenzie an meiner Seite kämpfte. Nur wenige kleine Mädchen sind fähig, einen sterbenden Großvater zu begleiten, Geduld mit einer Schwester zu haben, die unter besonderen Einschränkungen leidet, und jeden Abend beim Schlafengehen im Gebet Gott für das zu danken, was sie hat, statt um Dinge zu bitten, die sie sich erhofft. Ich befürchtete, dass sie sich von Gott abwenden könnte, stellte aber fest, dass sie in all diesen tragischen Umständen nur noch mehr betete.

Als Mackenzie sechs Jahre alt war, packten wir unsere Sachen und zogen von Kalifornien nach Colorado. Wir fanden eine großartige Gemeinde, die uns sofort willkommen hieß. Mackenzie fing an, alle möglichen Fragen über Gott zu stellen. Eine Taufe stand bevor, und ich erklärte ihr, was es bedeutet, sich taufen zu lassen. Nach meiner Erklärung meinte sie: „Mom! Warum hast du mich denn dann noch nicht taufen lassen?" Da hatte ich als Mutter offenbar etwas verpasst. Sie schien so jung, dass es mir nie in den Sinn gekommen war. Nach einem Gespräch mit unserem Pastor und der Leiterin der Kindergruppe meinten beide, sie sei so weit. Ehe wir uns versahen, wurde Mackenzie getauft, und als ich ihr Lächeln sah, wusste ich, dass es einen enormen Einfluss auf sie hatte.

Inzwischen ist Mackenzie sieben. Sie hat beide Großväter durch Krebs verloren, eine Schwester als Baby verloren und hat erlebt, wie ihre andere Schwester kämpfte und alle Hindernisse überwand (sie ist jetzt als das Wunderbaby bekannt). Mackenzie spricht mit Freunden über Gott und hat ein großes Herz für die Menschen ihrer Umgebung. Um Geld für die Pflegekinder unserer Gegend zu verdienen, zeichnete sie Bilder, die man bestellen konnte, organisierte einen Kakaostand, erledigte Aufgaben in Haus und Garten und bat Freunde, ebenfalls mitzuhelfen. Durch ihre Bemühungen und den Einsatz anderer konnte unsere Gemeinde 8000 Dollar für Pflegekinder sammeln.

Eines Abends fragte Mackenzie mich vor dem Schlafengehen, wie wir gewiss sein können, dass Gott unsere Gebete erhört. Bevor ich antworten konnte, rief sie: „Ich weiß! Gott tut Dinge und er hört immer zu."

Die Schönheit der Gnade Gottes

Wir haben noch eine Geschichte für Sie – besonders für diejenigen von Ihnen, die gerade persönlich eine Leidenszeit durchmachen. Deena Kvasniks Geschichte zeigt die Schönheit der Gnade Gottes im Leben dieser jungen Frau, während ihre Schwiegermutter und Freunde für sie beteten.

Als Mutter bete ich täglich für meine Kinder und sehe darin ein großes Geschenk und ein Vorrecht. Doch bis vor kurzem habe ich unterschätzt, wie sehr auch ich selbst eine betende Mutter in meinem Leben brauche. Es waren die Gebete meiner Schwiegermutter, seit über 20 Jahren eine bewährte Beterin bei *Moms in Prayer*, die auf mein verzweifeltes Bedürfnis nach Heilung antworteten.

Als ich zwei Jahre alt war, ließen meine Eltern sich scheiden, und von diesem Moment an war mein Leben eine Achterbahnfahrt voll Trauer, Einsamkeit, Angst und Sorge. In meiner Kindheit gab es keine bedingungslose Liebe und kein Gefühl der Zugehörigkeit. Ich lernte, mein Selbstwertgefühl nach der Aufmerksamkeit anderer zu bemessen, und machte mir ständig

Sorgen, was andere wohl von mir dachten. Durch die Unsicherheit in meinem eigenen Zuhause hatte ich das Gefühl, mir Liebe und Bewunderung verdienen zu müssen. Da ich mich dafür schämte und äußerst selbstkritisch war, verbrachte ich den größten Teil meiner Jugend damit, mich zu verstecken und ein Schattendasein zu führen. In der High School aß ich mein Mittagessen oft allein auf der Mädchentoilette. Ich kannte Gott nicht, wusste nichts über meine Identität in Christus und hatte niemanden, der für mich betete oder mich seelisch unterstützte.

Ohne eine betende Mutter in meinem Leben wurde ich auf verschiedene Weise immer mehr von Gefühlen beherrscht. Angst vor dem Leben, vor der Arbeit, vor sozialer Ablehnung und davor, nicht gemocht oder bewundert zu werden, nagte ständig an mir. Es fühlte sich an wie ein Knoten in meinem Magen. Ich versuchte die Angst zu stillen, indem ich sie und mich selbst aushungerte. Das wirkte irgendwie tröstlich und gab mir ein Gefühl der Sicherheit und Kontrolle. Doch während ich einerseits den Schmerz betäubte, ließ ich andererseits meinen Körper darben und brachte ihn jeden Tag dem Verhungern näher. Blind für die Magersucht, die rasch von mir Besitz ergriff, empfand ich schreckliche Scham. Als erwachsene Frau, die sich als Christin bezeichnete, kam ich mir wie eine Heuchlerin vor. Jahrelang versteckte ich meine Essstörungen und wurde sehr dünn und kränklich. Die Scham wurde schließlich so groß, dass ich in die Isolation ging und der Lüge glaubte, eine unwürdige Ehefrau und Mutter zu sein. Ich empfand, dass ich Gottes Liebe nicht verdiente. Mein Mann war sehr beunruhigt und bat mich, mit jemandem zu sprechen.

Da ich keine enge Beziehung zu meiner eigenen Mutter hatte, wandte ich mich an meine Schwiegermutter und erzählte ihr von meinem Problem der Magersucht. Als ich ihr schilderte, in welchem Loch ich steckte, antwortete sie: „Deena, ich verstehe sicher nicht, was du durchmachst, da ich das nie selbst erlebt habe, aber was ich tun kann ist, für dich zu beten. Darf ich dieses Anliegen in meine *Moms in Prayer*-Gruppe bringen?" In meiner Verzweiflung ignorierte ich meine Scham, Verlegenheit und Isolation, die mich seit Jahren beherrschten, und nahm ihr Angebot an.

Das Bewusstsein, dass eine Gruppe von Frauen entschieden hatte, jede Woche für mich zu beten, half mir, aus meiner Isolation herauszukommen und zu merken, dass es in Ordnung ist, andere an mich heranzulassen und mich zu „outen". Ich begann, mich mit einigen Freundinnen auszutauschen und mich wieder in der Gemeinde zu engagieren. Ich fühlte mich frei und lebendig, und vor allem fühlte ich mich von Gott wahrgenommen.

Ich erkannte, dass es in Ordnung war, genau an dem Punkt gesehen zu werden, an dem ich mich befand – mit all dem Schmutz und Müll meiner Sünde –, weil Gott mich bedingungslos liebte. Ich brauchte mich nicht zu schämen. Ich musste mich nicht verstecken. Ich musste anderen nichts vormachen.

Tatsächlich fing ich an, meine Unvollkommenheiten anzunehmen. Und je mehr ich mir meine Unvollkommenheit eingestehen konnte, desto näher kam ich Gott. Das war das beste Geschenk, das ich je bekommen habe. Und es ist in zwei Wörtern zusammengefasst, die Gott mir eines Tages gab – mit einem dicken Punkt am Ende:

ICH GENÜGE.

Der Punkt am Ende ist sehr wichtig. Denn solange ich zurückdenken kann, ging diesem Punkt immer irgendeine Anforderung, eine Bedingung voraus. Ich genüge… wenn ich coole Klamotten habe. Ich genüge… weil ich einen tollen Job gemacht habe. Ich genüge… weil ich eine bewundernswerte Mutter und Hausfrau bin, die mit unseren Kindern den ganzen

Tag lang fantastische Projekte macht. Ich genüge… weil ich leckeres Essen für meine Familie koche. Ich genüge… weil ich mager bin. Ich genüge… weil die Leute mich mögen. Die Liste ging endlos weiter. Die Freiheit, die mit der Erkenntnis kam, dass ich genüge – Punkt, war ein Wendepunkt und ermöglichte es mir, Gottes Gnade und seine Heilung anzunehmen. Sie öffnete mir auch die Tür, mir selbst zu vergeben und damit all die Scham und Schuld abzulegen, die mich isoliert hatten. Am Ende glaubte ich, dass ich Wert hatte vor Gott und dass ich es wert war, Mutter und Freundin und Mitglied der Gemeinde zu sein und geliebt zu werden. Und ich glaubte, dass keine noch so schlechte Entscheidung, die ich traf, mich von Gottes großer Liebe zu mir trennen konnte.

Ich bin überzeugt, dass es die vielen Stunden der Fürbitte waren, insbesondere durch meine Schwiegermutter Elaine, die mir diese tiefe Erkenntnis der vollkommenen Liebe Gottes ermöglichten. Die Gebete von Elaine und ihrer *Moms in Prayer*-Gruppe gaben meinem Leben eine völlig neue Richtung. Seit den 1990er-Jahren trifft sie sich wöchentlich mit ihrer Gruppe, um für die Schule und die Schüler- und Studentenschaft zu beten. Elaines Beispiel hat mich inspiriert, mich selbst einer Gruppe anzuschließen, und nach über 20 Jahren sind diese Treffen heute auch für mich das Highlight der Woche. Ich habe gelernt, dass eine betende Mutter ein großer Segen für ihre Familie ist. Eine Familie ohne Gebet ist wie ein Baum ohne Wurzeln (nach Markus 4,17).

Gott hat mich durch eine betende Mutter errettet! Wenn ich zu kämpfen habe (und das kommt immer noch vor), ist es ein großer Segen zu wissen, dass meine Schwiegermutter für mich beten wird. Aus dieser Erfahrung habe ich vieles gelernt. Ich schäme mich nicht mehr wegen meiner Unvollkommenheit und Sünde. Gott hat mich erwählt, die Mutter meiner zwei Kinder zu sein, und ich muss nicht perfekt sein, um diesen Titel zu verdienen. Im Übrigen brauchen alle Menschen Gebet, selbst die Mütter, und diese Gebete machen einen Unterschied! In Lukas 18,1 sagt Jesus, dass wir „allezeit beten und nicht nachlassen" sollen.

Herr, hilf ________________, immer im
Gebet zu sein und nicht aufzugeben.

NACH LUKAS 18,1

Für diejenigen, die leiden oder zu kämpfen haben, folgen hier einige lebenspendende Offenbarungen, die ich auf meinem Weg entdeckt habe. Ich bete, dass sie für Sie ermutigend und hilfreich sind:

Stelle dich der Unannehmlichkeit.

Du bist es wert, geliebt zu werden und dazuzugehören.

Glaube, dass deine verletzlichen Seiten dir Schönheit verleihen.

Wenn du versuchst, irgendetwas in dir zu betäuben, betäubst du tatsächlich alles – dein ganzes Leben.

Wenn du mit Verletzlichkeit zu kämpfen hast, gib den Kampf auf und du wirst dein Leben zurückgewinnen.

Lasse zu, dass du gesehen wirst, wie du wirklich bist.

Wisse, wer du bist: Gottes vollkommene Schöpfung; er macht keine Fehler.

Übe dich in Dankbarkeit und lasse dich auf Freude ein.

Gott liebt dich – immer, jeden Tag, jede Nacht, ganz gleich, was auch geschieht. Du genügst.

In Schwierigkeiten ausharren

Selten ist ein Leben nicht von Leid gezeichnet. Zwar möchten wir unsere Kinder gern vor Kummer und Schmerz bewahren, aber oft gebraucht Gott gerade diese Erfahrungen, damit unsere Kinder ihm näher kommen und seinem Ebenbild immer ähnlicher werden.

In 2. Korinther 1,8-11 zeigt Paulus durch ein Beispiel, wie wichtig fürbittendes Gebet in Zeiten des Leids ist:

> Liebe Freunde, ihr sollt wissen, welche Schwierigkeiten wir in der Provinz Asien aushalten mussten. Wir haben wirklich Vernichtendes erlebt, sodass wir schon glaubten, nicht mit dem Leben davonzukommen. Wir haben dem Tod ins Gesicht gesehen. Doch auf diese Weise haben wir gelernt, nicht auf uns selbst zu vertrauen, sondern auf Gott, der die Toten auferweckt. Und tatsächlich hat er uns aus der Todesgefahr befreit. Nun sind wir sicher, dass er es wieder tun wird, denn ihr betet ja für uns. Und viele Menschen werden Gott dafür danken, dass er ihre Gebete für uns erhört hat.

Statt nur zu beten, dass Gott das Leid Ihres Kindes wegnimmt, beten Sie, dass es die schwere Zeit durchsteht und Gott die schwierige Erfahrung benutzt, um Ihr Kind innerlich wachsen zu lassen. Beten Sie, dass Ihr Kind sich nicht in Sünde verfängt, sondern in schwierigen Zeiten fest auf Jesus schaut. So wird es nicht müde werden und nicht den Mut verlieren, sondern auf Gott vertrauen und seine Hoffnung auf Christus setzen.

Bibelgebete um Ausdauer

Erinnere _______________ daran, dich in der Not anzurufen und dir zu vertrauen, wenn sie/er in Not ist – du wirst _________________ erretten und sie/er soll dir die Ehre geben.

NACH PSALM 50,15

Herr, ermutige _________________, sich zu freuen, auch wenn Sorgen und Probleme sie/ihn bedrängen, denn wir wissen, dass wir dadurch lernen, geduldig zu werden. Geduld aber macht uns innerlich stark, und das wiederum soll _________________ zuversichtlich machen in der Hoffnung auf die Erlösung. In dieser Hoffnung wird sie/er nicht enttäuscht werden. Denn _________________ soll wissen, wie sehr Gott sie/ihn liebt, weil Gott uns den Heiligen Geist geschenkt hat, der unsere Herzen mit seiner Liebe erfüllt.

NACH RÖMER 5,3-5

Herr, hilf _________________ zu bedenken, dass in schwierigen Situationen unser Glaube geprüft wird und wir uns darüber freuen dürfen. Denn wenn _________________ sich darin bewährt, wächst die Geduld. Und durch die Geduld werden wir bis zum Ende durchhalten, denn dann wird unser Glaube zur vollen Reife gelangen und vollkommen sein und nichts wird uns fehlen.

NACH JAKOBUS 1,2-4

Um der Herrlichkeit deines Namens willen, Herr, rette ____________________. Weil du ein gerechter Gott bist, wirst du ____________________ aus der Not befreien.

nach Psalm 143,11

Herr, hilf ____________________, immer im Gebet zu sein und nicht aufzugeben.

nach Lukas 18,1

Herr, für ____________________ reicht deine Gnade immer aus. Denn deine Kraft zeigt sich in ihrer/seiner Schwachheit. Lass ____________________ zufrieden sein in aller Schwäche, damit die Kraft von Christus durch sie/ihn wirken kann. Sie/er soll wissen, dass es für Christus geschieht und deshalb darf ____________________ mit ihren/seinen Entbehrungen, Schwierigkeiten und Verfolgungen versöhnt sein. Denn wenn ____________________ schwach ist, dann ist sie/er stark.

nach 2. Korinther 12,9-10

Gib ____________________ Kraft, die Prüfungen durchzustehen, die alle Menschen bewältigen müssen. Herr, du bist treu, bitte lasse ____________________ nicht mehr versucht werden als sie/er überwinden kann. Hilf ihr/ihm, den Weg zu finden, den du vorbereitet hast.

nach 1. Korinther 10,13

Herr, leite ____________________, dass sie/er nicht Schätze auf Erden ansammelt, die doch von Motten oder Rost zerfressen und von Dieben gestohlen werden. Motiviere ____________________, zuerst nach deinem Reich und nach deiner Gerechtigkeit zu trachten, du wirst dann alles geben, was benötigt wird. Nimm alle Sorgen von ____________________, denn du sorgst für sie/ihn.

nach Matthäus 6,19,33-34

Denn ____________________ ist von vielen Zeugen umgeben, die ein Leben durch den Glauben geführt haben, deshalb kann sie/er jede Last ablegen, die sie/ihn behindert, besonders die Sünde, in die wir uns so leicht verstricken. Hilf ____________________, den Wettlauf bis zum Ende durchzuhalten, für den sie/er bestimmt ist. Dies soll ____________________ tun, weil ihre/seine Augen auf dich, Jesus, gerichtet sind, denn von dir hängt unser Glaube vom Anfang bis zum Ende ab. Du warst bereit, den Tod der Schande am Kreuz zu sterben, weil du wusstest, welche Freude dich danach erwartetet. Nun sitzt du an der rechten Seite von Gottes Thron im Himmel! …
Hilf ____________________, nicht müde zu werden und auch Schweres zu ertragen, denn du behandelst sie/ihn als dein Kind. …

Keine Züchtigung ist angenehm, und wenn wir
sie erleiden, ist es schmerzlich. Doch danach
wird ____________________ inneren Frieden
und ein Leben in Gerechtigkeit gewinnen.

NACH HEBRÄER 12,1-3,7,11

Herr, vernimm mein Gebet und erhöre mich, denn ich brauche deine Hilfe.
Beschütze mich, denn ich bin dir treu. Rette deinen Diener, der auf dich allein vertraut. Du bist mein Gott.
Hab Erbarmen, Herr, denn ich rufe unablässig zu dir.
Schenke mir wieder Freude, Herr, denn mein Leben liegt in deiner Hand.
Herr, du bist so gut und immer bereit zu vergeben, voller Gnade für alle, die dich um Hilfe bitten.
Höre mein Gebet, Herr, vernimm mein Flehen.
Zu dir will ich kommen, wann immer mich die Sorgen überwältigen, und du wirst mich erhören.

Herr, zeige mir den richtigen Weg, damit ich nach deiner Wahrheit lebe! Gib mir das Verlangen ins Herz, dich zu ehren.
Von ganzem Herzen will ich dich preisen, Herr, mein Gott. Ich will deinen Namen stets verherrlichen, denn deine Liebe zu mir ist groß. Du hast mich vom sicheren Tod gerettet!
Gott, unverschämte Menschen greifen mich an, grausame Menschen wollen mich töten. Vor dir haben sie keine Ehrfurcht.

Doch du, Herr, bist ein gnädiger und barmherziger Gott
mit viel Geduld und voll Gnade und Wahrheit.
Wende dich zu mir und erbarme dich. Gib deinem Diener
Kraft, ja, rette mich, denn dir diene ich.
Herr, gib mir ein Zeichen deiner Güte. Dann werden sich
alle, die mich hassen, schämen, weil du mir hilfst und
mich tröstest.

Psalm 86,1-7,11-17

8

Um inneren Frieden beten

Sorgt euch um nichts, sondern betet um alles. Sagt Gott, was ihr braucht, und dankt ihm. Ihr werdet Gottes Frieden erfahren, der größer ist, als unser menschlicher Verstand es je begreifen kann. Sein Friede wird eure Herzen und Gedanken im Glauben an Jesus Christus bewahren.

Philipper 4,6-7

Leider müssen viele Eltern, Schulen und Gemeinden feststellen, dass immer mehr Kinder mit Ängsten, Depression und Selbstmordgedanken zu kämpfen haben. Nimmt man dann noch die Ausbreitung von Drogen- und Alkoholsucht, Selbstverletzung, Pornografie, Spielsucht usw. hinzu, braucht man nicht über den eigenen Stadtteil hinauszuschauen, um Schüler und Schülerinnen zu finden, die dringend Fürbitte brauchen. Es mag hoffnungslos erscheinen. Doch in Philipper 4,6-7 verspricht Gott, dass er unsere Sorgen und Ängste durch seinen Frieden ersetzen wird, wenn wir sie ihm übergeben. Was für ein großartiger geistlicher Tausch! Leider tun wir mitten im Strudel des Lebens manchmal genau das Gegenteil: Wir halten an unseren Sorgen fest und lassen unseren Frieden im Herrn los. Für unsere Kinder kann das Gefühl, in Angst und Sorge zu versinken, überwältigend sein. Oft sind sie durch digitale Kontakte unter Druck, mit ihrem Verhalten, Handeln, Reden oder Sein bestimmte Erwartungen zu erfüllen. Da bleiben Ängste nicht aus. Doch Gott ist treu und verspricht, uns und unseren Kindern seinen Frieden zu geben.

Kürzlich hatte ich (Cyndie) mehrere wichtige Arbeitsprojekte zu bewältigen. Gleichzeitig wollte ich meiner Tochter helfen, sich in ihrem ersten Collegejahr auf das Leben in einem Studentenwohnheim in einem anderen Bundesstaat vorzubereiten. Und zusätzlich wollte ich meinen Sohn nach dem Collegeabschluss bei seinem Abenteuer des Erwachsenwerdens unterstützen. Ich fühlte mich von alledem überfordert, doch dann stieß ich in meiner Gebetszeit auf diesen Bibelvers: „Der Herr gibt seinem Volk Kraft und schenkt ihm Frieden" (Psalm 29,11). Jedes Mal, wenn die erdrückenden Aufgaben anfingen, sich wie eine Schlinge um meinen Hals zusammenzuziehen, wiederholte ich diesen Vers. Manchmal tat ich es in Gedanken, und manchmal sprach ich ihn laut aus, wenn wir erörterten, welche Aufgaben zu erledigen waren.

Herr, gib ________________ viel Kraft und
schenke ihr/ihm Frieden.

NACH PSALM 29,11

Ganz gleich, was für heute oder für morgen auf Ihrer To-do-Liste steht, ganz gleich, wie groß der Stress ist, der auf Sie zukommt – der Frieden Christi kann die lähmende Angst in Ihren Gedanken wirklich stillen. Das Ergebnis wird in Jesaja 32,17 sehr schön ausgedrückt: „Die Gerechtigkeit bringt Frieden. Sie lässt für alle Zeit Ruhe und Sicherheit einkehren." Wenn wir mit Gott im Reinen sind, kann sein Frieden sich in unserem Leben ausbreiten, und aus diesem Frieden erwächst eine heilsame Verbindung von Gelassenheit und Zuversicht.

Gott verspricht, dass er unsere Sorgen und Ängste durch seinen Frieden ersetzen wird, wenn wir sie ihm übergeben.

Wie ich in meinem Buch *God-Confident Kids: Helping Your Child Find True Purpose, Passion and Peace* erzähle, war ich als Teenager täglich von Angst und Sorge erfüllt, was mich in meiner von Gott geschenkten Berufung beeinträchtigte. Aber das Meditieren über Psalm 46 half mir, diese Angst und Sorge an Gott abzugeben.

Psalm 46,2-8,10-11

> Gott ist unsre Zuflucht und unsre Stärke, er hat sich als Hilfe in der Not bewährt.
> Deshalb fürchten wir uns nicht, auch wenn die Erde bebt und die Berge ins Meer stürzen, wenn die Ozeane wüten und schäumen und durch ihre Wucht die Berge erzittern!
> Ein Fluss erfrischt die Stadt unseres Gottes, die heilige Wohnung des Höchsten.
> Gott selbst wohnt in dieser Stadt, deshalb ist sie uneinnehmbar. Gott wird sie jeden einzelnen Tag aufs Neue beschützen.
> Die Völker sind in Aufruhr und Königreiche fallen, denn Gott lässt seine Stimme erschallen, und die Erde vergeht!
> Der allmächtige Herr ist bei uns; der Gott Israels ist unser Schutz.
> Erkennt, dass ich Gott bin! Ich will von allen Völkern verehrt werden, verehrt werden auf der ganzen Welt!
> Der allmächtige Herr ist bei uns; der Gott Israels ist unser Schutz.

Wenn professionelle Hilfe nötig ist

Das Meditieren über solche starken Aussagen der Bibel kann dazu beitragen, Ängste und Sorgen zu beschwichtigen, die unser

Denken gefangen nehmen wollen. Manchmal ist es jedoch wichtig, einen professionellen christlichen Berater oder Arzt zu Rate zu ziehen. Vor allem, wenn Ihr Kind depressiv wirkt, sich zu isolieren beginnt, nicht mehr an Aktivitäten teilnimmt, länger oder weniger schläft, oder mehr bzw. weniger isst als sonst. Dann ist es ratsam, professionelle Hilfe in Anspruch zu nehmen. Falls Sie befürchten, dass Ihr Kind Selbstmordgedanken hegen könnte, sollten Sie sofort professionelle Hilfe suchen. In Zeiten, in denen das Leben überfordernd erscheint, benutzt Gott Therapeuten oft, um Klarheit zu bringen. Beten Sie, dass Gott Sie den Therapeuten finden lässt, der für Sie oder Ihr Kind am besten geeignet ist; beten Sie um göttliche Weisheit und Einsicht für den Therapeuten bzw. die Therapeutin; und beten Sie um die nötige Offenheit für sich und/oder Ihr Kind, damit Sie hören und akzeptieren können, was vorgeschlagen wird. Beten Sie inmitten der Dunkelheit inständig, dass Satan nicht das Geringste ausrichten kann.

Kraft für ein neues Schuljahr

Hier ist eine von drei Geschichten, die aus unterschiedlichen Blickwinkeln erzählen, wie Gott einem ängstlichen Herzen Frieden schenkte. Lori Bittenbender, eine Mutter von drei Kindern aus Nord-Texas, berichtet:

> Mit dem Bibelvers „Alles ist mir möglich durch Christus, der mir die Kraft gibt, die ich brauche“ (Philipper 4,13) bete ich oft für meine Kinder. Meist tue ich es mit einem flauen Gefühl in der Magengegend und einem „Jetzt kann nur noch Gott ihr helfen“-Seufzer. Ich kenne viele Mütter, die in vielfältigen Situationen mit diesem Bibelvers für ihre Kinder gebetet haben:

- Wenn sie einen langen Tag vor sich hatten.

- Wenn sie eine wichtige Klassenarbeit schreiben mussten oder Angst davor hatten, vor der Klasse eine Präsentation zu halten.

- Wenn sie Mut und Zuversicht für eine Herausforderung brauchten, wie eine Fahrschul- oder Cheerleaderprüfung.

Es ist normal, wenn am ersten Schultag die Nerven blank liegen und der Angstpegel steigt. Doch bei meiner Tochter, die extrem schüchtern ist, hält die Nervosität der ersten Tage oft noch Monate an, bis sie die Umstellung auf ein neues Schuljahr, eine neue Lehrerin, eine neue Klasse, neue Klassenkameraden und neue Schulabläufe geschafft hat.

Herr, stärke ________________ darin,
immer mehr zu verstehen, dass ihr/ihm
alles möglich ist durch Christus, der ihr/ihm
die nötige Kraft gibt.

nach Philipper 4,13

Ich bin dankbar für meine Mitstreiterinnen bei *Moms in Prayer,* die für meine Tochter um die Kraft gebetet haben, mit ihren Ängsten fertig zu werden und sich in der Schule eher wohlzufühlen. Welche Kraft hat der Herr also meiner Tochter gegeben, die ziemlich introvertiert ist?

- Beim Vorlesen vor der Lehrerin die Worte mit den Lippen zu formen, bis sie irgendwann bereit war, sie auch laut auszusprechen.

- Die Fähigkeit, einen Schultag bei einem Vertretungslehrer durchzustehen.

- Die nötige Gelassenheit für einen Spaziergang um den Block, wenn eine Panikattacke drohte.

- Den Wunsch, bei einer Vorstellungsrunde mitzumachen.

Ich wusste gar nicht, dass meine Tochter so sehr mit Ängsten zu kämpfen hatte, als sie in die Schule kam. Aber Gott wusste es. Seit mittlerweile zwei Jahren hat er für verständnisvolle und einfühlsame Lehrer gesorgt, die meine Tochter nicht verurteilen, sondern mit Geduld alles daransetzen, dass sie sich wohlfühlen kann. Neuen Lehrern meiner Tochter erkläre ich immer, dass sie wahrscheinlich in den ersten sechs Wochen in der Klasse kein Wort sagen wird. Aber ich versichere ihnen, dass sie ständig zuhören, beobachten und lernen wird. Im zweiten Schuljahr fand eine Lehrerin einen guten Weg zur Förderung der Kommunikation: Sie gab meiner Tochter ein Journal, damit sie sich darin schriftlich mitteilen konnte. Ich danke Gott für diese geniale Idee. Dieses nützliche Journal ist gespickt mit all den inneren Kämpfen, die der kleine Körper meiner Tochter aufgrund ihrer Nervenschwäche ausfechten musste:

- Mein Bauch tut weh.

- Mein Handgelenk tut weh.

- Ich vermisse meine Mama.

Es enthält auch viele schöne Dinge, die sie ihrer Lehrerin mitteilen wollte:

- Heute möchte ich ins Schwimmbad gehen.

- Schauen Sie mal, was für eine Halskette ich habe!

Es offenbart ihre Ängste:

- Haben wir morgen einen Vertretungslehrer?

- Haben Sie Aufsicht beim Mittagessen oder in der Pause? (Meine Tochter fühlte sich wohler, wenn ihre Lehrerin in der Cafeteria oder auf dem Spielplatz bei ihrer Klasse war.)

Woche für Woche haben wir bei *Moms in Prayer* dafür gebetet, dass meine Tochter Kraft bekommt, ihre Stimme findet und sich wohl fühlt. Wenn diese Gebete nach und nach erhört wurden, jubelte ich. Es gab viele Momente zu feiern.

- Einmal kam ein Lehrer auf mich zu und sagte: „Ihre Tochter hat heute mit mir gesprochen." Etwas verdutzt fragte ich nach: „Sie hat mit Ihnen gesprochen?"

- Sie konnte bei einer Einstufung ihre Stimme einsetzen und einen Abschnitt vorlesen.

- Etwa drei Monate nach Schuljahresbeginn schrieb meine Tochter in ihr Journal: „Ich denke, jetzt brauche ich mein Journal nicht mehr!"

Ich bin dankbar, dass Gott die Ängste meiner Tochter kennt, dass er weiß, wo sie Kraft braucht, und meine Tochter mit seiner Gnade durch jedes neue Schuljahr bringt.

Gebet ist wirksam

Hier ist ein weiterer Bericht über ein ängstliches Herz, dem Gott Frieden schenkte.

Vor sechzehn Jahren fuhr ich zu einer mir unbekannten Gemeinde und setzte mich zu den etwa zwölf Frauen. Im Rückblick kann ich sagen, dass dies der Beginn einer Reise war, die mein Leben verändert hat.

Als ich das erste Mal von *Moms in Prayer* hörte, war ich sofort begeistert. Nicht, weil ich gut beten konnte, im Gegenteil, ich wollte es lernen. Während ich Woche für Woche eine Stunde lang bei diesen Frauen war, lernte ich so viel über das Gebet. Es gibt viele Geschichten, die ich erzählen könnte, aber eine Geschichte, die von meiner Tochter Melissa handelt, bezeugt besonders klar, was die Zeit, die ich im Gebet verbracht habe, bewirkt hat.

Als Melissa im zweiten Jahr an der High School war, hatte sie ständig Kopfschmerzen, wurde oft krank und machte eine schwere Zeit durch. Wir konsultierten einen Allergologen, einen HNO-Arzt und einen Neurologen, doch keiner hatte eine klare Antwort. Ich weiß noch, wie ich Woche für Woche zu meinem Gebetstreffen ging und jedes Mal weinte. Ich flehte den Herrn an, sie gesund zu machen, uns durch diese schwere Zeit zu bringen und meinem Mann Ralph und mir Weisheit zu geben, was wir tun sollten.

Für jede Woche hatten wir ein Gebetsblatt mit den Bibelstellen, mit denen wir Gott lobten, und mit dem Fürbittevers, der für die jeweilige Woche gewählt worden war. Ich machte mir Notizen über die Gebetserhörungen, die wir wahrnahmen, und über die konkreten Bitten, die wir vorbrachten.

In meinen Notizen kann ich auch zurückblättern und sehen, dass wir mit Psalm 50,15 für sie beteten: „Möge Melissa dich am Tag der Not anrufen. Du wirst sie retten, und sie wird dich verherrlichen.“ Und mit Epheser 3,20: „Durch deine mächtige Kraft, die in Melissa wirkt, tue unendlich viel mehr in ihrem Leben, als wir je bitten oder auch nur hoffen würden.“ Und auch mit Psalm 16,11: „Zeige Melissa den Weg zum Leben.“

Durch die mächtige Kraft, die in uns wirkt,
kann Gott unendlich viel mehr durch
_________________ tun, als wir je bitten
oder auch nur hoffen würden.

nach Epheser 3,20

Eine Woche folgte auf die andere. Wir beteten, und ich weinte. Zu Thanksgiving lag Melissa zwei Wochen im Bett. Nach den Ferien erholte sie sich langsam, ohne dass ich eigentlich wusste, was geschah. Erst viel später – und erst vor kurzem – erfuhr ich den Rest der Geschichte, der nun zu Melissas Glaubenserfahrung gehört.

Während ich betete, dass keine Not vergebens sein würde, die Melissa durchmachte, hatte sie nicht nur mit körperlichen Problemen zu kämpfen, sondern litt auch unter einer Depression, die sie zu einem Schritt veranlasste, der sie das Leben hätte kosten können. Doch stattdessen wurde sie durch diese Erfahrung wachgerufen und erkannte, wie wertvoll ihr Leben tatsächlich ist. Obwohl sie sich schon zu ihrem Glauben an Christus bekannt hatte, war dies eine Phase in ihrem Leben, in der sie den Glauben zu ihrem persönlichen machte und ihre Zukunft ganz in seine Hände legte.

Durch ihre Schwierigkeiten lehrte der Herr sie, mit ihm zu leben. In dieser Zeit bestätigte er ihre Berufung, Ärztin zu werden, um anderen Menschen helfen zu können. Im dritten Jahr des Medizinstudiums erzählte Melissa mir nun von einer Patientin, deren Probleme eine stärkere psychologische Komponente hatten als die Patientin sich eingestehen wollte. Melissa konnte ihr von ihrem eigenen Kampf mit Depressionen erzählen und mit dieser Frau beten.

Im Rückblick bin ich Gott unendlich dankbar dafür, wie er unsere Gebete erhört und sie durchgetragen hat; und er hat in der Tat mehr getan, als ich mir überhaupt vorstellen konnte! Es fällt mir immer noch schwer, meine morgendlichen Gebetszeiten aufzuteilen, und ich führe dazu Listen für jeden Tag – an einem Tag bete ich neben anderen Anliegen besonders für die Missionare, an einem anderen Tag für unsere Regierung. Aber ich mache weiter, wenn auch unvollkommen, weil ich glaube, dass Gott mich berufen hat, Fürbitterin zu sein. Und die beste Nahrung für dieses Feuer ist mein wöchentliches Gebet mit den anderen Frauen meiner *Moms in Prayer*-Gruppe. Dort habe ich gehört: „Wie Mammutbäume in einem Wald stehen wir als ein Netzwerk der Stärke zusammen und erleben neue Dimensionen der Macht Gottes. Wir holen unsere Kinder aus der Gefahrenzone und bringen sie in Sicherheit wie Truppen, die in feindliches Gebiet eindringen."

Gebet ist wirksam.

Auch wenn Gebet für jeden Bereich unseres Lebens äußerst wichtig ist, konzentriert *Moms in Prayer* sich auf die Fürbitte für unsere Kinder und Schulen. Eine Großmutter, die mit uns betete, sagte einmal: „So wie Gott uns zu Geburtswehen befähigt hat, um unsere Kinder zur Welt zu bringen, so hat er uns berufen, für jedes Kind im Gebet zu ringen." *Moms in Prayer* hat mich beten gelehrt. Ich liebe es zu hören, wie diese Frauen Gott preisen und ihm danken. Am meisten erstaunt mich, wenn ich höre, wie der Heilige Geist eine andere Frau geleitet hat, für mein Kind zu beten. Sie konnte gar nicht wissen, was wir gerade durchmachten, aber sehr oft ging eine andere Mutter auf Aspekte der Situation ein, an die ich gar nicht gedacht hatte und die genau ins Schwarze trafen.

Gemeinsam und vertraulich im Gebet für etwas zu kämpfen schafft eine unbeschreibliche Verbundenheit. Diese Frauen haben für alle möglichen Anliegen mit mir im Gebet gerungen: harte Lehrer, Dramen in der Mittelschule, Liebeskummer mit Freund oder Freundin, Krankheiten, College- und Berufswahl, die Geburt von Enkelkindern und vieles mehr. Gott ist so treu gewesen. Seine Treue wird mir oft durch die Unterstützung gottesfürchtiger Frauen bewusst, die manchmal eher als ich Gottes Hand und seine Antwort auf unsere Gebete erkennen.

Nach Philipper 4 leben

Haben Sie selbst schon einmal erlebt, wie Sie Ihre Sorgen Gott überließen und er Sie mit seinem unerklärlichen Frieden erfüllte? Oder haben Sie mitten in einer stressigen Situation plötzlich einen überwältigenden Frieden empfunden und später herausgefunden, dass jemand für Sie gebetet hatte? Wenn mitten in einer chaotischen Zeit plötzlich Gottes Frieden auf uns kommt, ist die Veränderung bemerkenswert.

In dem Buch *Unerschütterlich*[2] schreiben wir ausführlicher darüber. Die vier Gebetsschritte – Anbetung, Schuld bekennen, Dank und Fürbitte – helfen uns, von der Angst zum Gebet überzugehen. Die Situation bleibt vielleicht unverändert, aber Gott verspricht, uns mit seinem Frieden zu erfüllen, wenn wir ihm unsere Ängste, Befürchtungen und Sorgen übergeben.

Unser Buch *Unerschütterlich* führte dazu, dass wir mit Libby McCandless Kontakt aufnahmen. Sie berichtet:

---

2 Unerschütterlich (Sally Burke, Cyndie Claypool de Neve); erschienen im cap-Verlag; Bestell-Nr.: 52 50465; ISBN 978-3-86773-305-2

Neben Philipper 4,6-7 habe ich ein Datum notiert – 4. April 2017 – und jedes Mal, wenn ich an diese Zeit denke oder diesen Abschnitt wieder lese, steigen mir Tränen in die Augen, wenn ich mich daran erinnere, wie Gott mir diesen Vers zu beten gab, damit er verherrlicht wird. Ich las in dem Buch *Unerschütterlich* gerade das Kapitel über Anbetung mit dem erstaunlichen Beispiel aus 2. Chronik 20, das veranschaulicht, wie wir „durch Anbetung den Feind bezwingen". Ich gewann ein neues Verständnis dafür, warum wir vor jedem Kampf, den wir auszufechten haben, zuerst Gott loben sollten … und ein Kampf stand uns gerade bevor. Nach mehreren Monaten der Gespräche mit einem neuen potenziellen Arbeitgeber sollte Todd zur letzten Runde der Vorstellungsgespräche nach Kalifornien fliegen. Von dieser Reise und dem Eindruck, den er hinterlassen würde, hing alles ab. Todd verließ St. Louis an einem Montagabend, und die Vorstellungsgespräche begannen früh am nächsten Morgen. Nach acht Monaten, die von Absagen, Entmutigung und finanziellen Belastungen geprägt waren, musste er sich einigen großen Gegnern stellen: Selbstzweifel, Angst und die Lüge des Feindes, er wäre nicht gut genug für den Job.

Als ich an diesem Abend in mein Gebetsjournal schrieb und wieder in meinem mittlerweile zerlesenen Exemplar von *Unerschütterlich* las, sprang mir dieser Vers in die Augen, und ich wusste, dass der Herr ihn mir gab, um mit diesem Vers für meinen Mann zu beten: „Ihr werdet diese Schlacht nicht kämpfen müssen. Geht in Stellung; dann verhaltet euch still und seht, wie der Herr siegt. Er ist mit euch, Einwohner Judas und Jerusalems. Habt keine Angst und lasst den Mut nicht sinken. Zieht ihnen morgen entgegen, denn der Herr ist bei euch!" (2. Chronik 20,17). Ich schickte meinem Mann eine SMS mit diesem Bibelvers und sagte ihm, dass ich damit für ihn beten würde, dass ich wusste, dass er am nächsten Tag „ihnen entgegen ziehen" würde, und dass der Herr bei ihm sein würde.

Daraufhin erfüllten mich ein Frieden und eine Gewissheit, wie ich sie selten erlebt habe. Ich wusste, dass der Herr den Kampf für ihn ausfechten würde. „Denn nicht ihr kämpft diesen Kampf, sondern Gott" (2. Chronik 20,15).

Todd bekam den Job und nahm die Stelle an; inzwischen arbeitet er schon fast ein Jahr dort. Noch ein erstaunliches Nachwort: Zu Beginn dieses Jahres traf die Unternehmensführung einige Entscheidungen (aus Gründen, die nichts mit Todd zu tun hatten), die dazu führten, dass Todds gesamte Abteilung und damit auch seine Arbeitsstelle wegfiel. Normalerweise hätte diese Situation uns in Panik versetzt, doch wir empfanden völligen Frieden – wir wussten, dass Gott ihm diese Stelle aus einem bestimmten Grund gegeben hatte und uns nicht im Stich lassen würde. Nun, dank vieler „göttlicher Begegnungen" mit führenden Mitarbeitern, hatte Todd in seiner kurzen Tätigkeit in der neuen Firma viele Leute beeindruckt, sodass sie nicht die geringste Absicht hatten, ihn gehen zu lassen. Also suchten sie ihm eine neue Position innerhalb der Firma, mit einer erweiterten Stellenbeschreibung, besseren Zukunftsaussichten und einer Gehaltserhöhung.

Es ist leicht, Gott nach dem Abenteuer zu preisen, doch ich bin überzeugt: Wenn wir auch in den schwierigsten Momenten ein Lobopfer bringen (Hebräer 13,15), ist Gott in der Lage, uns zu zeigen, dass er tatsächlich alles unter Kontrolle hat und dass er gut ist – *immer.*

Bibelgebete zur Überwindung von Angst durch den Frieden Christi

Gib __________________ die Stärke, sich um nichts Sorgen zu machen, sondern um alles zu beten und Gott zu sagen, was sie/er braucht. Dann wird der Friede Gottes, der höher ist als jede Vernunft, das Herz und die Gedanken von __________________ in Christus Jesus bewahren.

NACH PHILIPPER 4,6-7

Wenn Sorgen sie/ihn quälen, dann wird dein Trost ihr/ihm neue Hoffnung und Freude geben.

NACH PSALM 94,19

Herr, gib __________________ die Gewissheit, dass du ihr/ihm nicht einen Geist der Furcht, sondern einen Geist der Kraft, der Liebe und der Besonnenheit gegeben hast.

NACH 2. TIMOTHEUS 1,7

Herr, lass __________________ die Frucht der Gerechtigkeit erfahren, welche ist Frieden, Ruhe und Sicherheit.

NACH JESAJA 32,17

Um der Herrlichkeit deines Namens
willen errette ___________________.
Weil du ein gerechter Gott bist, befreie
___________________ aus aller Not.

nach Psalm 143,11

Herr, lass ___________________ erfahren, dass durch Christus alles möglich ist, der uns auch die nötige Kraft gibt.

nach Philipper 4,13

___________________ soll sich nicht fürchten, denn du bist bei ihr/ihm. Du bist ihr/sein Gott und ___________________ soll sich nicht ängstlich um Hilfe umsehen. Deine Entscheidung steht fest: Du wird ___________________ helfen und unterstützen, indem du mit deiner siegreichen Hand Gerechtigkeit übst.

nach Jesaja 41,10

Herr, durch deine mächtige Kraft, die in ___________________ wirkt, kannst du viel mehr tun, als ___________________ je bitten oder hoffen würde.

nach Epheser 3,20

Herr, lass in __________________ die Frucht des Geistes wachsen: Liebe, Freude, Friede, Geduld, Freundlichkeit, Güte, Treue, Sanftmut, Keuschheit.

NACH GALATER 5,22-23

Herr, gib __________________ Kraft und segne sie/ihn mit Frieden.

NACH PSALM 29,11

Hilf __________________, alle Sorge auf dich zu werfen, denn du sorgst für sie/ihn.

NACH 1. PETRUS 5,7

Der Friede Gottes, zu dem __________________ berufen ist, der regiere in ihrem/seinem Herzen. Und lass __________________ dankbar sein.

NACH KOLOSSER 3,15

Ärgere dich nicht über die schlechten Menschen. Beneide die nicht, die Unrecht tun.
Denn sie werden wie Gras verdorren und wie Blumen verwelken.
Vertraue auf den Herrn und tue Gutes, dann wirst du im Lande sicher leben, und es wird dir gut gehen.

Freu dich am Herrn, und er wird dir geben, was dein Herz wünscht.
Überlass dem Herrn die Führung deines Lebens und vertraue auf ihn, er wird es richtig machen.
Deine Unschuld wird er sichtbar machen so hell wie das Licht des Tages, und die Rechtmäßigkeit deiner Sache wird leuchten wie die Mittagssonne.
Sei ruhig in der Gegenwart des Herrn und warte, bis er eingreift. Ärgere dich nicht über die Bösen, denen es gut geht, und fürchte dich nicht vor ihren bösen Plänen.
Lass dich nicht zu Zorn und Wut hinreißen! Ärgere dich nicht, damit du nichts Unrechtes tust!
Denn die Bösen werden vernichtet werden, aber die Menschen, die auf den Herrn vertrauen, werden das Land besitzen.

Psalm 37,1-9

9

Um Freiheit von Süchten beten

Er streckte seine Hand aus vom Himmel und rettete mich; er zog mich aus tiefem Wasser herauf. Er befreite mich von meinen mächtigen Feinden, von denen, die mich hassten und zu stark für mich waren. Sie fielen über mich her, als ich am schwächsten war, doch der Herr gab mir Halt. Er brachte mich an einen sicheren Ort und rettete mich, weil er Freude an mir hatte.

Psalm 18,17-20

Letzten Monat, als ich (Sally) die Kirchengemeinde betrat, sah ich das hübsche Gesicht einer jungen Frau, die ich seit über zehn Jahren nicht gesehen hatte. Ich lief zu ihr und wir umarmten einander lange, ohne dass es uns verlegen machte. Sie wusste, dass ich in dieser Zeit nicht aufgehört hatte, für sie zu beten.

Als sie zwei Jahre alt war, ging sie in meine Sonntagschulgruppe. Sie sprudelte nur so vor Leben und Freude. Ihr Vater ist Pastor und Missionar und ihre Mutter eine sehr nette christliche Frau. Beide lieben Gott, ihre Familie und die Gemeindefamilie leidenschaftlich. Doch ich erlebte, wie dieses Mädchen, kaum dass es zum Teenager herangewachsen war, sich auf Drogen einließ und dann über ein Jahrzehnt abhängig war. Ja, wie der Feind es liebt, zu stehlen und zu rauben! Kontinuierlich betete ich für sie mit der einzigen Waffe, die ich kenne: dem Wort Gottes. Oft betete ich mit Lukas 22,31-32 für sie: „Simon, Simon, der Satan hat euch alle haben wollen. Er wollte euch durchsieben wie Weizen. Doch ich habe für dich gebetet, dass dein Glaube nicht aufhöre. Wenn du also später umgekehrt und zu mir zurückgekommen bist, dann stärke deine Brüder." Durch die Macht Christi ist diese junge Frau heute frei von Drogen und hilft anderen, ebenfalls drogenfrei zu werden. Ihr Zorn ist verschwunden und sie sprudelt wieder vor Leben und Freude. Das alles ist Gott zu verdanken.

Als ich diese tiefgreifende Herzensveränderung sah, wie nur Gott sie bewirken kann, kam mir die Geschichte einer anderen Familie in Erinnerung. Vor Jahren fuhr ich mit einer lieben Mutter, die bald eine gute Freundin werden sollte, zu einer Gebetskonferenz. Dabei zeigte sie mir ein Foto ihres Sohnes, der viele Tattoos und Piercings hatte, und erzählte, dass sie zu einer *Moms in Prayer*-Gruppe gehörte, in der die Mütter inständig für diejenigen Kinder beteten, die sich vom Herrn abgewandt hatten. Einige Mütter ihrer Gruppe beteten sogar, dass ihre Kinder von der Polizei gefasst würden, um nicht am Ende von Drogendealern umgebracht zu werden. Ich konnte nur ahnen, was diese Mütter durchmachten. Aber ich erlebte, wie diese Frau mutig für ihren Sohn betete und niemals aufgab. Sie verwendete dazu Gebete aus der Bibel, wie Jeremia 24,7: „Und ich will ihnen ein Herz geben, das verständig ist, damit sie erkennen, dass ich der Herr bin. Sie sollen mein Volk sein, und ich werde ihr Gott sein, denn sie werden sich aus ganzem Herzen wieder zu mir hinwenden."

Nach einer Weile erzählte sie mir, dass ihr Sohn angefangen hatte, zuhause die Bibel zu lesen. Sie formulierte es zurückhaltend, weil es für ihn eine Berg- und Talfahrt war. Doch das Gebet nach Jeremia 24,7 wurde in seinem Leben auf eindrucksvolle Weise erhört. Er wurde Missionar und ging als junger Mann nach Indien, wo er mehrere Jahre missionarisch tätig war, die Tochter eines Pastors heiratete, zwei Töchter bekam und vielen Menschen von Christus erzählte. Heute lebt er wieder den Vereinigten Staaten und dient Gott dort von ganzem Herzen. Was wird Gott im Leben Ihres Kindes tun, für das Sie mutig beten, dass es von ganzem Herzen zum Herrn zurückkehrt?

Gib ________ ein Herz, damit sie/er erkennt, dass du der Herr bist. Du bist der Herr und wir sollen dein Volk sein. Lass ________________ von ganzem Herzen bei dir sein.

NACH JEREMIA 24,7

Sehnsucht nach Gott inmitten der Krise

Erlauben Sie mir, noch eine weitere Geschichte weiterzugeben. Wir sehen es als großes Privileg an, wenn wir Zeugen dafür werden, wie Gott im Leben von Menschen wirkt. Als ich Elise Attanasio zum ersten Mal begegnete, war sie eine wunderschöne, sanfte, behutsam sprechende Frau Gottes. Dann erzählte sie mir ihre Geschichte von einem harten, aber erfolgreichen Kampf um ihren Sohn. Ich sah eine starke Gebetskämpferin, die es verstand, das Wort Gottes als Gebetswaffe einzusetzen. Ihr Sohn Devon war seit über 15 Jahren süchtig, und sie kämpfte um sein Leben. Jahrelang schüttete sie im Gebet ihr Herz aus und nutzte dazu Gottes mächtiges Wort. Und dieses Wort Gottes brachte ihr und ihrem Sohn zuerst Hoffnung und dann den Sieg. Hier ist ihre Geschichte über die Kraft von Psalm 42,5: „Warum bin ich so mutlos? Warum so traurig? Auf Gott will ich hoffen, denn eines Tages werde ich ihn wieder loben, meinen Retter und meinen Gott.“

Nachdem mein Sohn über zehn Jahre lang mit seiner Sucht gekämpft hatte, folgte für ihn eine Zeit von sieben Jahren, die ich als eine Falle auf Leben oder Tod bezeichne. Der sich wiederholende Vers in Psalm 42 und 43 war für mich ein Raum, in dem ich vor dem Herrn ehrlich sein konnte. Als Mutter ging es mir NICHT GUT. Ich brauchte Gottes Angesicht als Hilfe, um glauben zu können, dass ich „ihn noch preisen werde". Am Ende beider Psalmen ändert sich die Formulierung zu „das Heil meines Angesichts und meinen Gott" (ELB). Da kehrte meine Freude zurück.

Strecke deine Hand aus von der Höhe und erfasse ________________ und ziehe sie/ihn aus den tiefen Wassern. Errette ________________ von allen Feinden, von all denen, die so mächtig und stark sind.

NACH PSALM 18,17-18

Meine Freundin rief eines Tages an und meinte, ich solle eine Gebetsgruppe für Kinder starten, die sich vom Glauben abgewandt haben, weil sie überall von Freunden hörte, deren Kinder auf Abwege geraten sind. Kaum hatte ich abgelehnt, wurde mir bewusst, dass dies tatsächlich meine Aufgabe war! Vier Jahre später ist meine Gruppe immer noch stark und engagiert. Wir beten für Schulkinder, erwachsene Kinder und Enkelkinder, dass sie befreit werden und wieder zum Glauben an Christus zurückkehren können. Drei wunderbare Frauen meiner Gruppe sind sehr fähige Leiterinnen geworden, und es kommen von Zeit zu Zeit immer noch neue Mütter hinzu.

Ich freue mich, sagen zu können, dass Devon von seinen Süchten befreit wurde. Die Sucht war so stark, dass er sie nicht allein besiegen konnte, doch als er sie dem Herrn übergab, wurde er auf der Stelle frei. Devon nennt seine Mutter eine Gebetskämpferin, die ihre eigene „Kampfarena" hat. Immer wieder betete sie für ihn und gab nie auf. Die Macht des Gebets kann unser Kind zum Herrn zurückbringen!

Aus der Sicht einer verlorenen Tochter

Wir lieben Geschichten von verlorenen Kindern, die wieder zum Glauben gekommen sind. Eine junge Frau erzählte uns, wie sie mit zehn Jahren ihr Herz Jesus gab. Doch das war nicht das Ende ihrer Glaubenserfahrung.

Als ich 17 war, geriet ich in falsche Kreise und entfernte mich immer mehr von Gott. Mich faszinierten diese Leute mit ihren dunklen Klamotten, Piercings, Ketten, Spikes und Nieten. Ich verließ das Haus meiner liebevollen Eltern und zog zu dem Kerl, mit dem ich gerade zusammen war. Er wurde mir gegenüber verbal und emotional sehr ausfallend. Nach ihm folgten noch viele andere, die mich ebenfalls körperlich misshandelten und sexuell missbrauchten.

Mit 18 Jahren fing ich an, Marihuana zu rauchen. Ich lebte mit mehreren Drogendealern zusammen, und so dauerte es nicht lange, bis ich jeden Tag Drogen konsumierte. Ich begann, Bibeln zu verbrennen und Marihuana aus dem Bibelpapier zu rauchen. Mit Gott wollte ich nichts mehr zu tun haben. Irgendwann im Alter von 19 Jahren kamen verschreibungspflichtige Pillen hinzu. Ein Jahr später, im Alter von 20 Jahren, ging ich dazu über, mir täglich Methamphetamin in die Venen zu spritzen. Ich sah viele Dinge, die Menschen nicht sehen sollten, und tat Dinge, die Menschen nicht tun sollten.

Die extreme Abhängigkeit von der Nadel führte dazu, dass ich alles, was ich besaß, an die Drogen verlor. Mein Auto, meine Kleidung, meine Freunde; selbst mein Ausweis und meine Geburtsurkunde wurden mir von Leuten weggenommen, die ich für meine Freunde gehalten hatte. Ich begann, selbst Drogen zu verkaufen und lebte promiskuitiv mit mehreren Meth-Dealern zusammen, von denen viele nach kurzer Zeit verhaftet wurden. Ich hatte mein Leben mit Drogen, Sex und Kriminalität so satt, konnte aber nicht aufhören. Ich hatte das Gefühl, dass es keinen Ausweg gab!

Die Geschichte dieser jungen Frau endete nicht in einer Niederlage. Nach einem gescheiterten Selbstmordversuch dachte sie sich: „Alles andere habe ich schon versucht, vielleicht versuche ich es jetzt mal mit Gott." Sie legte sich auf den Boden, mit dem Gesicht nach unten, und betete zum ersten Mal seit fünf Jahren wirklich! Am nächsten Morgen rief sie ihre Eltern an und bat sie, sie abzuholen. Gott hatte dafür gesorgt, dass das letzte Bett in der Reha-Klinik für sie frei war, und sie konnte sich dort zwei Monate lang erholen.

Sie sagt: „Jetzt bin ich zuhause und es geht mir besser als je zuvor. Ich gehe in die Kirche, zu den Treffen von *Narcotics Anonymous und zu Celebrate Recovery.* Jetzt ist Jesus für mich real. Also, Mütter überall, hört nicht auf zu beten! Meine Mutter und die drei anderen Mütter ihrer Gebetsgruppe sind die ‚Engel', die mich aus der Hölle herausgebetet haben."

Jetzt ist Jesus für mich real. Also, Mütter überall, hört nicht auf zu beten!

Bibelgebete um Freiheit von Süchten

Rette __________________ aus den Gewalt der Gottlosen und aus der Hand der Unterdrücker.

nach Psalm 71,4

Herr, wende dich __________________ zu und höre sie/ihn. Errette __________________ schnell und sei ein schützender Feld, eine Festung, die die Feinde nicht erreichen können.

nach Psalm 31,3

Rette die Armen und die Hilflosen, befreie __________________ aus den Klauen schlechter Menschen.

nach Psalm 82,4

Gib __________________ eine neues Herz und einen neuen, gewissen Geist. Nimm __________________ das steinerne Herz und gib __________________ ein Herz aus Fleisch und deinen Geist.

nach Hesekiel 36,26

Herr, bewahre __________________ vor stolzen Menschen und lass nicht zu, dass diese über sie/ihn herrschen. Lass __________________ ohne Schuld sein und frei von schwerer Sünde.

nach Psalm 19,14

Falls in ferner Zukunft schwere Zeiten über ____________ hereinbrechen, dann lass ____________ zu dir zurückkehren und auf deine Worte hören.

NACH 5. MOSE 4,30

Die Unerfahrenen kommen um, weil sie sich von dir abwenden und die sich so sicher fühlen, stürzen ins Verderben. Lass ____________ auf dich hören, damit sie/er ohne Angst in Frieden und Sicherheit lebt.

NACH SPRÜCHE 1,32-33

Gott, errette ____________ von allen Feinden und beschütze ____________ vor allen, die ihr/ihm nach dem Leben trachten.

NACH PSALM 59,2

Du, Herr, streckst deine Hand aus vom Himmel und errettest ____________. Du befreist ____________ von mächtigen Feinden, von allen, die hassen und zu stark für sie/ihn sind.

NACH PSALM 18,17-18

Bringe ____________ an einen sicheren Ort und errette sie/ihn, weil ____________ an dir Freude hat.

NACH PSALM 18,20

Hilf ____________________, dir immer von ganzem Herzen treu zu sein und zu tun, was dir Freude macht.

nach 2. Könige 20,3

Gib ____________________ ein Herz, das verständig ist, damit sie/er erkennt, dass du der Herr bist. Du sollst ihr/sein Gott sein und ____________________ soll zu deinem Volk gehören, weil ____________________ sich von ganzem Herzen sich dir zuwendet.

nach Jeremia 24,7

Geduldig hoffte ich auf die Hilfe des Herrn, und er wandte sich mir zu und hörte mein Schreien.
Er rettete mich aus dem Sumpf der Verzweiflung, aus Matsch und Schlamm. Er stellte mich auf festen Boden und gab meinen Füßen festen Halt.
Er legte mir ein neues Lied in meinen Mund, mit dem ich unseren Gott loben kann. Viele werden sehen, was er getan hat, und darüber staunen. Sie werden dem Herrn vertrauen.

Psalm 40,2-4

10

Für Beziehungen beten

Eisen schärft Eisen, ebenso schärft ein Mensch einen anderen.

SPRÜCHE 27,17

Die Beziehungen unserer Kinder in der Schule können entweder der Höhepunkt ihres Tages sein oder großen Kummer verursachen. Gott gebraucht andere Menschen in unserem Leben wie ein Eisen, das Eisen schärft, um uns so zu formen, wie wir nach seinem Willen sein dürfen. Während wir also dafür beten, dass unsere Kinder nur großartige Freundschaften erleben, könnte es sein, dass Gott die schwierigeren Beziehungen dazu benutzt, 2. Korinther 4,17 in ihrem Leben zu erfüllen: „Unsere jetzigen Sorgen und Schwierigkeiten sind nur gering und von kurzer Dauer, doch sie bewirken in uns eine unermesslich große Herrlichkeit, die ewig andauern wird."

So wie Eisen ein anderes Eisen
schärft, hilf ________________ und
________________, sich zu schärfen in einer
positiven Art und Weise, damit beide wachsen
in einen christusähnlichen Charakter.

NACH SPRÜCHE 27,17

Diejenigen von uns, die mehr als ein Kind haben, sehen es nie gerne, wenn ihre Kinder streiten. Es bricht uns das Herz. Wenn unsere Kinder sich nicht einig sind, dabei aber lernen, ihre Unterschiedlichkeit zu verstehen, ist das gut. Doch wenn die

Spannungen heftiger und die Kommentare verletzend werden und die Geschwister keine Zeit mehr miteinander verbringen wollen, kann eine Spaltung in der Familie entstehen. Unsere Kinder müssen in jedem Alter lernen, geduldig miteinander umzugehen und einander zu lieben.

Als junge Mutter, hörte ich (Sally) regelmäßig Vorträge von Dr. James Dobson im Radio. Er erklärte, dass unser Heim ein sicherer Ort für unsere heranwachsenden Kinder sein sollte. Ich wollte, dass meine Kinder liebevoll miteinander umgehen und lebenslange Freunde werden. Heute, wo sie erwachsen sind und ihr eigenes Leben führen, sehe ich, wie sehr Gott meine Gebete erhört hat. Sie sind alle verschieden, haben unterschiedliche Berufe und andere Freunde, aber sie lieben einander und sind gern zusammen. Es erstaunt mich, wenn sie oder ihre Ehepartner einander eine SMS schicken, um zu sagen, dass es an der Zeit ist, mal wieder zusammen abzuhängen, obwohl seit dem letzten Treffen erst wenige Wochen oder sogar nur Tage vergangen sind.

Oft habe ich mit dem Epheserbrief für meine Kinder gebetet, und wenn ich sie heute zusammen sehe, erkenne ich Epheser 4,1-3 in ihnen. Und ich bin dankbar, dass ich mit Epheser 4,29-32 für die Familie gebetet habe und dies auch weiter tun kann.

Epheser 4,1-3

> Paulus schreibt: Als ein Gefangener für den Herrn fordere ich euch deshalb auf, ein Leben zu führen, das eurer Berufung würdig ist, denn ihr seid ja von Gott berufen worden. Seid freundlich und demütig, geduldig im Umgang miteinander. Ertragt einander voller Liebe. Bemüht euch, im Geist eins zu sein, indem ihr untereinander Frieden haltet.

Epheser 4,29-32

> Verzichtet auf schlechtes Gerede, sondern was ihr redet, soll für andere gut und aufbauend sein, damit sie im Glauben ermutigt werden. Achtet darauf, den Heiligen Geist nicht durch euer Verhalten zu betrüben. Denkt vielmehr daran, dass ihr sein Siegel tragt und dadurch die Gewissheit habt, dass der Tag der Erlösung kommen wird. Befreit euch von Bitterkeit und Wut, von Ärger, harten Worten und übler Nachrede sowie jeder Art von Bosheit. Seid stattdessen freundlich und mitfühlend zueinander und vergebt euch gegenseitig, wie auch Gott euch durch Christus vergeben hat.

Herr, hilf ________________ zu erleben, wie schön es ist, wenn Brüder und Schwestern einträchtig zusammenleben.

NACH PSALM 133,2

Ich habe gebetet, dass sie Freunde finden, die Christus lieben. Viele ihrer besten Freunde sind seit der Grundschule ihre Kameraden und waren die Kinder anderer Mütter von *Moms in Prayer.* Diese Beziehungen sind für meine Kinder bis heute ein Segen, indem sie sie ermutigen und stärken und zur Hingabe an Christus anhalten. Es ist so, wie in Sprüche 17,17 beschrieben: „Ein Freund liebt zu jeder Zeit“ (ELB).

Gebet für Mitbewohner im Studentenwohnheim oder Internat

Wenn Ihre Kinder langsam erwachsen werden, beten Sie weiter für ihre Freundschaften und Beziehungen. Und vergessen Sie dabei nicht, auch für die Mitbewohner Ihrer Kinder zu beten, besonders für ihre Zimmernachbarn im College. Nichts stellt unsere Geduld und unsere Fähigkeiten zur Konfliktlösung stärker auf die Probe, als einen engen Raum mit einer – oder mehr! – fremden Personen zu teilen. Ich (Cyndie) wusste, dass ich für diesen Bereich im Leben meines Sohnes Elliott intensiv beten würde. Als er sich im Frühjahr seines letzten High School-Jahres einschrieb, waren viele Zimmer im Studentenwohnheim schon belegt. Als Erstsemester blieb ihm nichts anderes übrig, als sich ein Zimmer mit weiteren drei Studenten zu teilen. Zum Glück erlaubte das College den Studenten, sich die Profile der potentiellen Zimmernachbarn anzuschauen. Die meisten Studenten nannten Computerspiele oder Sport als Hobby – und nichts davon interessierte Elliott.

Wir beteten weiter und entdeckten eine Wohngruppe mit zwei Musikern aus christlichen Familien. Später fand er heraus, dass seine drei Mitbewohner, mit denen er sich ein Zimmer teilte, ebenfalls Musiker waren. Die Jungs jammten gelegentlich zusammen und genossen ihr gemeinsames Interesse. Konflikte gab es kaum, und Elliott wohnte schließlich drei Jahre lang mit einem dieser Studenten zusammen, bis er für sein letztes Studienjahr ein Zimmer mit drei anderen Filmstudenten teilte.

Kürzlich half ich meiner Tochter Zoe, ihre Sachen zu packen, bevor sie ihr erstes Jahr am College antrat. Sie wollte dieselbe Universität wie ihr Bruder besuchen und hatte ein Jahr lang auf dieses Ziel hingearbeitet. Da ich weiß, dass sie ein introvertierter Mensch ist und normalerweise einen persönlichen Freiraum braucht, um sich neu zu orientieren, habe ich schon früh für ihre zukünftigen Zimmergenossinnen gebetet. Gott sorgte überaus gütig für sie. Als sie noch in der Oberstufe war, saßen sie und ihre Tanzfreundin im Englischkurs mit zwei anderen jungen christlichen Frauen an einem Tisch – und sie alle hatten sich für dasselbe College entschieden. Zoe, ihre Freundin und die Zwillingsschwester ihrer Freundin beschlossen, zusammen in einem Zimmer zu wohnen, und das ist ein großer Segen. Es gibt meiner introvertierten Tochter die Möglichkeit, jeden Tag mit dem Gefühl heimzukehren, dass sie zu einer „Familie" nach Hause kommt. Ein zusätzlicher Segen ist, dass eine ihrer Freundinnen kontaktfreudig ist und zweifellos sowohl ihre Schwester als auch Zoe ermutigen wird, an verschiedenen Aktivitäten teilzunehmen. Und die andere Zwillingsschwester wird als introvertierte Person verstehen und respektieren, wie wichtig es ist, einen persönlichen Freiraum und Ruhe zu haben. Alle drei können entspannt und fröhlich auf ihren Betten sitzen und ihre persönlichen Batterien aufladen, bevor sie sich wieder in ein Meer von Menschen stürzen. Dieser Segen Gottes hat den Übergang von zuhause zum „Erwachsensein" ein wenig leichter gemacht.

Wenn schulische Beziehungen schwierig sind

Die meisten von uns und die meisten unserer Kinder haben schwierige Beziehungen in der Schule erlebt, und Gott benutzt diese Herausforderungen als „schärfendes Eisen". Louisa Chiasson schildert ihre Erfahrung:

> Als wir 1994 von Texas nach Kalifornien zogen, war mein Ältester in der zweiten Klasse; es war unser erster Umzug mit einem der Kinder im Schulalter.
>
> Thomas kam mit der Umstellung nicht sehr gut zurecht. Er war zwar ein sehr aufgewecktes Kind, konnte aber soziale Signale nicht so gut deuten, und so wurden die nächsten drei

Jahre für uns alle eine herausfordernde Zeit: Für Thomas war es schwer, weil er nicht erkennen konnte, womit er die anderen Kinder eigentlich gegen sich aufbrachte. Für uns als Eltern war es schwer, weil seine missliche Lage uns schmerzte und wir immer wieder negative Beurteilungen der Lehrer hinnehmen und uns für das Verhalten unseres Kindes entschuldigen mussten.

Eines Morgens, als wir alle mit dem Fahrrad zur Schule fuhren, ging mir plötzlich ein Licht auf: Ich sollte Gott um einen Bibelvers bitten, an den ich mich halten kann, damit ich Hoffnung für meinen Jungen habe, wenn die Dinge nicht so gut laufen. Noch bevor ich Gott fragen konnte, kam mir Psalm 1,3 in den Sinn: „Er ist wie ein Baum, der am Flussufer wurzelt und Jahr für Jahr reiche Frucht trägt. Seine Blätter welken nicht, und alles, was er tut, gelingt ihm." Ich klammerte mich an diesen Vers und betete ihn oft für meinen Sohn, besonders wenn ich sehr entmutigt war. Als unsere Gemeinde eine Spendenaktion durchführte, um Geld für den Umbau des alten Bahnhofs zu einem Museum zu sammeln, wurden Ziegelsteine verkauft, die man mit einem Namen, einem Datum oder einem Spruch beschriften lassen konnte. Wir kauften einen und ließen ihn mit dem Namen von Thomas und seinem Bibelvers beschriften.

Lass ________________ sein wie ein
Baum, der am Flussufer wurzelt und jedes
Jahr reiche Frucht trägt, dessen Blätter
nicht welken und dem alles, was er tut,
gelingt.

NACH PSALM 1,3

1997 zogen wir zurück nach Texas, und ich hoffte, dass Thomas' schulische Situation sich ändern würde. Leider bekamen wir nach kurzer Zeit auch dort wieder die gleichen Rückmeldungen von den Lehrern. In jenem Herbst schloss ich mich einer Gebetsgruppe für unsere Schule an und bat andere Mütter der Gruppe um Fürbitte für mein Kind. Im Dezember desselben Jahres genoss Thomas' Klasse ein gelungenes Winterferienprogramm mit Spielen und Erfrischungen. Dabei stieß er mit einem anderen Schüler auf einem kleinen Wagen zusammen und wurde zu Boden geschleudert; er schlug mit dem Kopf auf und verlor kurz das Bewusstsein. Ein Krankenwagen wurde gerufen, und ich wurde benachrichtigt. Ein kurzer Check im örtlichen Krankenhaus ergab keine Anzeichen einer Gehirnerschütterung und Thomas schien es gut zu gehen. Seit diesem Vorfall war Thomas plötzlich eine Berühmtheit in der Schule – und das nicht, weil er die anderen Kinder belästigt hätte. Zufälligerweise war er in der nächsten Woche an der Reihe, Schüler der Woche zu sein, und erhielt auch dadurch positive Aufmerksamkeit. Wir sahen, wie sein Verhalten sich stark veränderte. Beim nächsten Elternsprechtag staunten seine Lehrer und sagten: „Eine so drastische Veränderung in so kurzer Zeit haben wir noch bei keinem Kind erlebt."

Unsere Herausforderungen mit Thomas waren damit allerdings noch nicht zu Ende. Seine Interaktionen mit den anderen Schülern waren zwar kein Thema mehr, aber er blieb das Kind, das ich am häufigsten vor Gottes Thron brachte. In einer schlaflosen Nacht, als ich wachlag und für ihn betete, hatte ich das Gefühl, dass Gott zu mir sprach: „Ich habe ihn aus einem bestimmten Grund so gemacht. Du musst ihm nur helfen, damit umgehen zu lernen." Das war eine große Ermutigung für mich. Ein anderes Mal hatte ich einen Traum, in dem ich sah, was aus ihm werden sollte. Als ich aus dem Traum erwachte, konnte ich mich zwar nicht mehr an Einzelheiten erinnern, aber ich war voller Freude darüber, wie Gott alles in der Hand hatte. Die ganze Zeit über hielt ich an dieser Bibelstelle für ihn fest.

Als mein Mann 2002 entlassen wurde und die einzige Stelle, die er finden konnte, in Indiana war, zerbrachen wir uns den Kopf, wie dieser Umzug sich auf Thomas auswirken würde, der damals gerade drittes Studienjahr begann. Wir beteten und fasteten vor der Entscheidung über die Stelle; am dritten Tag, an dem wir unsere Entscheidung mitteilen sollten, schlug ich meine Bibel an der Stelle im Buch Jesaja auf, an der ich am Vortag aufgehört hatte, und las Jesaja 35,1-2:

> Die Wüste und das dürre Land sollen sich freuen und die Steppe soll frohlocken und wie ein Krokusfeld erblühen. Dort werden Blumen im Überfluss wachsen und sie wird singen, jubeln und sich freuen! Sie wird so herrlich werden wie der Libanon, prächtig wie der Karmel und die Ebene von Scharon. Denn sie werden die Herrlichkeit des Herrn, die Pracht unseres Gottes, sehen.

Ich wusste, dass es die Bestätigung für meinen Mann war, die Stelle in Indiana anzunehmen. Es wurde eine wunderbare Gelegenheit für Thomas, sich an einer neuen Schule und mit neuen Freunden neu zu orientieren. Er fing an, sich wirklich auf sein Studium zu konzentrieren und wurde schließlich an der Air Force Academy angenommen. Die Grundausbildung war eine wirklich gute Erfahrung für ihn, und er schrieb uns einen wunderbaren Brief, in dem er uns mitteilte, wie sehr er alles schätzte, was wir als Eltern für ihn getan hatten.

In der Zwischenzeit, inspiriert von der ermutigenden Erfahrung mit dem Bibelvers, schlug ich den anderen Müttern unserer Gebetsgruppe vor, das Jahr mit einer Bibelstelle zu beginnen, die wir in Anlehnung an Matthäus 17,20 unser „Senfkorn" nennen würden. Wir identifizierten jeweils einen „Berg" im Leben unseres Kindes und wählten eine entsprechende

Bibelstelle, mit der wir das Jahr über gegen diesen Berg beten würden. Wir schrieben diese Bibelstellen auf kleine Karten, die wir mit einem kleinen Senfkorn beklebt hatten, und legten sie zur Erinnerung in unsere Bibeln, um das ganze Jahr über für unser Kind zu beten. Jedes Jahr im Januar feierten wir dann mit einem Senfkornfrühstück, was Gott im vergangenen Jahr getan hatte, und sprachen über die neuen Berge, gegen die wir im kommenden Jahr beten wollten. Manchmal erzählte ich meinen Kindern von diesen Bibelversen; manchmal dagegen, wenn sie nicht danach fragten, blieb es einfach eine Sache zwischen Gott und mir.

Im Februar 2013 rief Thomas an einem Samstagmorgen aus Kalifornien an, wo er gerade stationiert war, und wollte wissen, was sein Senfkornbibelvers für dieses Jahr sei. Ich zögerte, es ihm mitzuteilen, denn es war Sprüche 18,22: „Der Mann, der eine Frau findet, hat einen Schatz gefunden und der Herr freut sich über ihn." Ich wollte nicht, dass er sich deswegen unter Druck gesetzt fühlte. Lachend sagte ich: „Ich bin mir nicht sicher, ob ich es dir sagen sollte!" Er lachte ebenfalls und meinte: „Schon gut. Ich glaube, ich weiß, was es ist." Diese Bibelstelle wurde zu der Bestätigung, die er brauchte, um einer reizenden christlichen Frau einen Antrag zu machen, mit der er seit mehreren Jahren gut befreundet war. Wie sich später herausstellte, sprach Gott noch am selben Tag auch zu dem Herzen dieser jungen Frau, sodass Thomas' Anruf bei ihr kurz darauf keine Überraschung war. Wir hatten zwar von dieser Freundin gehört, wussten aber nicht, dass beide Gott gesucht und für diese Beziehung gebetet hatten. Natürlich antwortete Gott auf ihr Gebet. Und er legte mir diese Schriftstelle zur richtigen Zeit aufs Herz. Das junge Paar heiratete nicht lange danach. Es war eine große Freude, uns an all die Gebete für Thomas zu erinnern und in Thomas' zukünftiger Ehefrau zu sehen, dass unsere gemeinsamen Gebete bei *Moms in Prayer* Früchte getragen hatten!

Ich bin so dankbar für Gottes Wort, an dem wir festhalten können, wenn die Dinge nicht so laufen, wie sie es sollten oder wie wir es erhoffen.

Bibelgebete für Beziehungen

Lass _________________ entdecken, wie schön es ist, wenn das Volk Gottes einträchtig zusammenlebt.

NACH PSALM 133,1

Lass den Frieden Gottes, der von Christus kommt, regieren in den Herzen von *(Namen einsetzen von Personen, die in einem Konflikt sind)* _________________, denn als Glieder eines Leibes seid ihr berufen, im Frieden miteinander zu leben.

NACH KOLOSSER 3,15

Herr, hilf, dass die momentanen Sorgen und Schwierigkeiten in _________________ eine unermesslich große Herrlichkeit bewirken, die ewig andauern wird.

NACH 2. KORINTHER 4,17

Hilf _________________ zu erleben, dass eine freundliche Antwort den Zorn besänftigt, dagegen kränkende Worte Zorn auslösen. Die Worte eines weisen Menschen helfen zur Erkenntnis; ein Narr aber redet nur dummes Geschwätz. Freundliche Worte schenken Leben; eine betrügerische Zunge aber zerstört den Geist. Ein Hitzkopf fängt Streit an; ein besonnener Mensch aber versucht zu schlichten.

NACH SPRÜCHE 15,1+2+4+18

Lass __________________ ein Mensch sein, der auf dich hört und deshalb weise und gerecht redet. Das Gesetz Gottes sei im Herzen von __________________, dann wird sie/er nicht vom richtigen Weg abweichen.

NACH PSALM 37,30-31

Herr, ermutige __________________, nicht müde zu werden, das Gute zu tun. Lass nicht zu, dass __________________ entmutigt wird und aufgibt, damit sie/er zur gegebenen Zeit den entsprechenden Segen erntet. Lass __________________ jede Gelegenheit nutzen, allen Menschen Gutes zu tun, besonders aber den Brüdern und Schwestern im Glauben.

NACH GALATER 6,9-10

Herr, hilf __________________, ein Mensch zu sein, der mit Verstand den eigenen Zorn zügelt und Achtung erwirbt, wenn sie/er über unrechte Anfeindungen hinwegsieht.

NACH SPRÜCHE 19,11

Einen Streit anzufangen gleicht dem Öffnen eines Dammes; deshalb hilf __________________, eine Sache lieber auf sich beruhen lassen, bevor es zum Streit darüber kommt.

NACH SPRÜCHE 17,14

Herr, schenke ____________________ die Erfahrung zu erleben, wie schön es ist, wenn Brüder und Schwestern einträchtig zusammen sind.

nach Psalm 133,1

Hilf ____________________, sich nicht abzusondern, denn wer das tut, geht nur seinen eigenen Wünschen nach und verweigert alles, was heilsam ist. Ein Narr hat kein Interesse daran, etwas zu verstehen, er will nur seine eigene Meinung zum Besten geben. Lass ____________________ rechtzeitig erkennen und verstehen, wenn sie/er sich unweise benimmt.

nach Sprüche 18,1-2

Bekleide ____________________ mit Mitleid und Erbarmen, Freundlichkeit, Demut, Sanftheit und Geduld. Lass ____________________ nachsichtig sein mit den Fehlern anderer. Gib ____________________ die Bereitschaft, denen zu vergeben, die Kränkungen ausgesprochen haben, so wie Jesus uns auch vergeben hat. Das Wichtigste aber ist die Liebe. Sie ist das Band, das uns alle in vollkommener Einheit verbindet.

nach Kolosser 3,12-14

Die Liebe ist geduldig und freundlich. Sie ist nicht neidisch oder überheblich, stolz oder anstößig. Die Liebe ist nicht selbstsüchtig. Sie lässt sich nicht reizen, und wenn man ihr Böses tut, trägt sie es nicht nach. Sie freut sich niemals über Ungerechtigkeit, sondern sie freut sich immer an der Wahrheit. Die Liebe erträgt alles, verliert nie den Glauben, bewahrt stets die Hoffnung und bleibt bestehen, was auch geschieht.

1. Korinther 13,4-7

11

Um Reinheit beten

Fliehe den Begierden der Jugend! Jage aber nach der Gerechtigkeit, dem Glauben, der Liebe, dem Frieden mit allen, die den Herrn anrufen aus reinem Herzen.

2. Timotheus 2,22 (LUT)

Vor einigen Jahren begannen meine (Cyndies) langjährige Gebetspartnerin und ich, konkreter darum zu beten, dass Gott den Verstand unserer Kinder bewahren und ihnen helfen würde, in Gedanken, Worten und Taten rein zu bleiben. Wir baten Gott nicht nur um Hilfe für unsere Kinder, in körperlicher Hinsicht rein zu bleiben, sondern beteten auch, dass sie ihren Wert in Christus erkennen, „jeden Gedanken gefangen nehmen" (2. Korinther 10,5; ELB), „allen hinterhältigen Angriffen des Teufels widerstehen" können (Epheser 6,11), nicht „über [ihr] Vermögen versucht" werden (1. Korinther 10,13; ELB), und sich fernhalten „von allem, was die jugendlichen Leidenschaften weckt" (2. Timotheus 2,22).

Schon in der Mittelstufe wurde ich von Jungen belästigt, die es amüsant fanden, sexuelle Anspielungen über mich zu machen. Ich war peinlich berührt und angewidert und beschloss, dafür zu sorgen, dass meine Kinder sich an solchen verletzenden Späßen nicht beteiligen würden. Deshalb begann ich, um Reinheit nicht nur im Handeln, sondern auch in Gedanken und Worten zu beten. Wir leben in einer Kultur, die mit Sexualität überfrachtet ist, was es schwierig macht, unsere Gedanken „auf das, was droben ist" (Kolosser 3,2) zu konzentrieren. Doch auch wenn unsere Kinder in einer solchen Gesellschaft aufwachsen, können wir uns an einen mächtigen Gott wenden, der unsere Gebete nicht nur hört, sondern auch handelt. Er kann unseren Kindern helfen, sich gegen die Machenschaften des Teufels zu wehren, jeden Gedanken gefangen zu nehmen und den jugendlichen Begierden zu entfliehen.

Gottes Gnade in Reinheit erfahren

Mein Mann und ich (Sally) lehrten unsere Kinder, was Reinheit bedeutet, und beteten für ihre Reinheit. Und ich konnte sehen, dass viele dieser Gebete erhört wurden. Doch wir alle haben einen freien Willen. Es gibt so viele Versuchungen, denen unsere Kinder jeden Tag ausgesetzt sind, und manchmal werden unsere Kinder der Versuchung erliegen. Gott ist dabei, uns zu heiligen, denn wir sind noch nicht vollkommen.

Adam und Eva genossen eine vollkommene Elternschaft durch Gott und lebten in einer perfekten Umgebung, und doch entschieden sie sich für die Sünde. In Römer 3,23 steht, dass „alle Menschen … gesündigt und das Leben in der Herrlichkeit Gottes verloren [haben]". Aber wir sollen nicht verurteilt bleiben. Wir müssen unsere Sünde bereuen, Vergebung annehmen und mit Christus weitergehen. Als Eltern können wir uns entscheiden, das Herz Christi anzunehmen, oder wir können zu starren, verurteilenden, rechthaberischen und unbarmherzigen Menschen werden. Jesus gewährte den Menschen, die ein reumütiges Herz hatten, seine Gnade. Er kennt die Schwachheit unserer menschlichen Natur und bietet uns Gnade und Barmherzigkeit statt Verurteilung an. Er streckt seine Hand aus, damit ein reumütiges Kind Gottes neu anfangen kann. Jesus hält so viel für unsere Kinder bereit. Lassen wir nicht zu, dass unsere Schwächen sein Werk behindern.

Hier ist die Geschichte einer Mutter und eines Vaters, die beteten. Sie waren zuerst schockiert, als sie erfuhren, dass ihre Tochter vor der Ehe schwanger wurde. Doch die Tochter reagierte in dieser Situation mit sehr viel Liebe, Umsicht, Ruhe und Anmut, und da erkannten die Eltern, dass sie es ebenso machen mussten.

Ihre Tochter wählte das Leben und die Ehe. Und ihre Familie wuchs in dieser Zeit noch enger zusammen. Die Tochter, ihr Kind und die Ehe sind kostbar in Gottes Augen. Ihre Familie ist für viele zum Segen geworden. „Die Barmherzigkeit triumphiert über das Gericht" (Jakobus 2,13; ELB).

Jesus hält so viel für unsere Kinder bereit. Lassen wir nicht zu, dass unsere Schwächen sein Werk behindern.

Kürzlich traf ich mich mit einer erstaunlichen jungen Frau und ihrer zweijährigen Tochter Brylee. Ich hatte Stevi einige Jahre zuvor in der Gemeinde kennen gelernt. Der Herr strahlte wirklich durch sie. Doch der Feind setzt alles daran, uns von Gottes guten und vollkommenen Plänen abzubringen. „Ein Dieb will rauben, morden und zerstören. Ich [Jesus] aber bin gekommen, um ihnen das Leben in ganzer Fülle zu schenken" (Johannes 10,10).

Stevi wurde vor der Ehe schwanger, doch statt von der Gemeinde wegzulaufen, suchte sie die Gemeinde auf. Und so wurde unsere Gemeinde Zeuge eines Wunders. Hier ist ihre Geschichte:

Als wir herausfanden, dass Brylee unterwegs war, schossen uns tausend Gedanken durch den Sinn, doch einige ragten aus allen heraus: dass Gott einen Plan hatte und unsere Gemeinde der Ort war, an dem wir Zuflucht suchen würden. David und ich waren in derselben Gemeinde aufgewachsen und hatten auch in unserem weiteren Leben meist dieselben Gemeinde besucht. Jeden Sonntag gingen wir mit unseren

Eltern zum Gottesdienst, und irgendwann wurde der Glaube unser eigener. Solange ich zurückdenken kann, hat unser Leiter den jungen Erwachsenen, die er lehrte, eingefleischt, dass die Gemeinde eine Familie ist. Wir alle sind Brüder und Schwestern in Christus, und das wiegt stärker als jede Blutsverwandtschaft. Da diese Tatsache mir früh vermittelt wurde und mich in meiner Teenagerzeit prägte, konnten wir erkennen, wenn die Dinge in eine andere Richtung liefen, und uns sogar gegenseitig sagen: „Wir werden uns nicht von ihm abwenden."

Ich erinnere mich noch genau an die Woche, in der wir erfuhren, dass ich schwanger war. Diejenigen, die uns in der Gemeinde nahe standen und davon gehört hatten, schrieben uns, dass sie für uns da sein und für uns beten würden. Es gibt kaum etwas Schöneres, als sich den Menschen, die man liebt, zu öffnen, ihnen von einer belastenden Situation im eigenen Leben zu erzählen, und dann von ihnen Liebe zu erfahren. Es fiel uns schwer, alles offenzulegen, als die Leute von unserer vorehelichen Schwangerschaft erfuhren, aber es stärkte unseren Charakter und unser Vertrauen. Eine der eindrücklichsten Reaktionen kam von meinem Vater. Er sagte: „Wir (die ganze Familie) werden nach vorne schauen, und wir werden dieses Baby genauso lieben wie alle anderen Enkelkinder." Und er fügte hinzu, dass jedes Baby ein Geschenk ist. Das ist so wahr. Gott sagt nicht, dass er nur die erwarteten oder geplanten Kinder liebt; er sagt, dass er alle seine Kinder liebt.

Als ich ungefähr vier Monate schwanger war, feierten David und ich unsere Hochzeit. Zu diesem Zeitpunkt dachten wir, dass wir schon alle Liebe der Gemeinde, unserer Familie und unseres Freundeskreises erfahren hatten, aber es war erst der Anfang gewesen. Bei der zweiten Ultraschalluntersuchung in der 30. Schwangerschaftswoche erfuhr ich, dass ein Teil von Brylees Gehirn auf dem Ultraschall nicht zu sehen war. Die Ärztin ging davon aus, dass etwas nicht stimmte, meinte aber, ich solle in zwei Wochen wiederkommen, damit sie das Gehirn aus einem anderen Blickwinkel untersuchen könne. Die ganze Fahrt über betete ich. Und sehr viele Menschen in unserem Leben beteten in diesen zwei Wochen des Wartens ebenfalls. Meine Mutter und meine Schwiegermutter begleiteten mich zur nächsten Untersuchung, bei der sich die anfängliche Vermutung der Ärztin bestätigte, dass bei Brylee das Cavum septi pellucidi fehlte. Wenn das Septum pellucidum fehlt, sind weitere Hirnanomalien zu befürchten. Die Ärztin machte ein trauriges Gesicht, als sie mir Brylees Zustand erklärte, und sie wiederholte mehrfach: „Es tut mir leid. Es tut mir so leid!" Nach dem ersten Schock sprach die Ärztin von „anderen Optionen", die ich verfolgen könne. Unter Tränen stellte ich klar, dass dieses Baby ein Geschenk war, wie immer es sich entwickeln würde, und dass wir es nicht loslassen würden. Als wir das Büro verließen, schickten wir das Gebetsanliegen an die Gemeinde, und ich bin überzeugt, dass von diesem Moment an Hunderte unsere kleine Tochter im Gebet vor Gott brachten.

In der folgenden Woche änderte sich alles. Ich wurde zu einem Facharzt für Hochrisikopatienten überwiesen und erhielt einen Termin für ein pränatales MRT, um einen besseren Einblick in Brylees Gehirn zu bekommen und eine genauere Diagnose zu ermöglichen. In der 33. Schwangerschaftswoche wurde bei Brylee eine beidseitige Schizenzephalie diagnostiziert – eine geschlossene und eine offene Lippe. Der Neurologe, der uns den Bericht vorlas, schlug erneut vor, dass wir andere Optionen in Betracht ziehen sollten, da es sich nicht um ein normales kleines Mädchen handeln würde. Wir lehnten ab.

Zwei Wochen später kam Brylee als Frühgeburt zur Welt, so hübsch und gesund, wie man es sich nur wünschen konnte.

Und heute, fast zwei Jahre später, haben wir ein Kleinkind, das vor Leben, Liebe und Energie nur so sprüht und anfängt, die Welt zu erobern. Es gehört zu meinen Lieblingsbeschäftigungen, Brylees Neurologie-Termine wahrzunehmen und die Gesichter der Ärzte zu sehen, wenn wir mit unserem

Wunderkind die Praxis betreten. Wenn Brylees Neurologin ihr Erstaunen äußert, lassen wir sie wissen, dass Gebet die Dinge verändert. Unser Gott, der größte Arzt, kann auf überaus mächtige Weise eingreifen. Brylee hätte tatsächlich mit all den Komplikationen geboren werden können, die ihre Diagnose ankündigte, doch das Beste ist, dass Gott auch dann treu und gerecht gewesen wäre, uns ein wunderbares Menschenkind anzuvertrauen, das wir lieben und aufziehen können. Wir lieben unsere kleine Brylee, und es ist eine Freude, die Gemeindefamilie an unserer Seite zu haben, während wir sie großziehen. Unsere ganze Gemeinde konnte beten und sehen, welch wunderbare Werke Gott tun kann, und ich könnte dem Herrn, dem wir dienen, nicht dankbarer sein. Wir alle bleiben hinter seiner Herrlichkeit zurück, aber in seinem Namen gibt es Freiheit. Ein Lied, das mir immer wieder durch den Kopf ging, nachdem wir Brylees Diagnose erhalten hatten, war „Ich schaue auf zu dir".

Dieses Lied handelt davon, dass Gott über allem steht. Wenn wir schwere Zeiten durchmachen, können wir vertrauen, dass er gerecht ist; und wenn wir sie überstanden haben, können wir zurückschauen und seine Treue erkennen. Es ist ein großartiges Gottesbild zu wissen, dass er in jeder Situation da ist, vom ersten bis zum letzten Moment. Der Neurologe, der in der 33. Woche andere Optionen vorschlug, hatte recht: Brylee ist kein normales kleines Mädchen; sie ist unser Wundermädchen!

Bibelgebete um Reinheit

Stärke ___________________, die komplette Waffenrüstung Gottes anzulegen, damit sie/er allen hinterhältigen Angriffen des Teufels widerstehen kann.

nach Epheser 6,11

Christus hat ___________________ wirklich befreit. Hilf ___________________, dass sie/er frei bleibt und sich nicht mehr unter das Gesetz versklaven lässt.

nach Galater 5,1

Wir behaupten nicht, dass ___________________ schon alles erreicht hätte oder schon vollkommen wäre! Aber hilf ___________________, auf den Tag hinzuarbeiten, an dem sie/er das alles ihr/sein Eigen nennen kann, weil auch Christus sie/ihn ja schon sein Eigen nennt. Lass ___________________ die ganze Kraft für dieses Ziel einsetzen. Lass ___________________ ihre/seine Vergangenheit vergessen und auf das schauen, was vor ___________________ liegt. Stärke ___________________, das Rennen bis zum Ende durchzuhalten und den Preis zu gewinnen, für den Gott uns durch Christus Jesus bestimmt hat.

nach Philipper 3,12-14

Gott möchte, dass ___________________
heilig ist, deshalb soll sie/er nicht unzüchtig leben. Lass ___________________ so leben, dass sie/er Gott Ehre macht.

NACH 1. THESSALONICHER 4,3-4

Stärke ___________________, den Begierden der Jugend zu fliehen! Stattdessen stärke ___________________, der Gerechtigkeit nachzujagen, dem Glauben, der Liebe, dem Frieden mit allen, die den Herrn anrufen aus reinem Herzen.

NACH 2. TIMOTHEUS 2,22

Lass ___________________ mit den mächtigen Waffen Gottes all die hochtrabenden Argumente zerschlagen, die die Menschen davon abhalten, Gott zu erkennen.

NACH 2. KORINTHER 10,5

Vor allem aber behüte das Herz von ___________________, denn das Herz beeinflusst das ganze Leben. Stärke in ___________________ den festen Willen, nicht zu lügen und jede Form von Betrug zu vermeiden. Lass ___________________ stets nach vorne blicken und die Augen auf das richten, was vor ihr/ihm liegt. Lass ___________________ den geraden Weg wählen und unbeirrbar daran festhalten, ebenso nicht davon abzuweichen und nicht dem Bösen zu folgen.

NACH SPRÜCHE 4,23-27

Da ____________________ mit Christus zu neuem Leben auferweckt wurde, lass sie/ihn Christus suchen, der zur Rechten Gottes im Himmel sitzt. ____________________ soll nicht an weltliche Angelegenheiten denken, sondern die Gedanken auf Christus konzentrieren. Denn ____________________ ist ja gestorben, als Christus starb und ihr/sein wahres Leben ist mit Christus in Gott verborgen. Wenn Christus, der unser Leben ist, der ganzen Welt bekannt werden wird, dann wird auch sichtbar werden, dass wir seine Herrlichkeit mit ihm teilen. Deshalb soll ____________________ die Schwächen der Welt in sich abtöten. Paulus sagt dazu: Haltet euch fern von Unzucht, Unreinheit, Zügellosigkeit und falschen Leidenschaften. Seid nicht geldgierig, denn das ist Götzendienst.

nach Kolosser 3,1-5

Herr, hilf ____________________, nicht an das zu denken, was früher war und nicht mehr über das Vergangene nachzugrübeln. Lass ____________________ erkennen, dass Gott sagt: Seht hin; ich mache etwas Neues; schon keimt es auf. Seht ihr es nicht? Ich bahne einen Weg durch die Wüste und lasse Flüsse in der Einöde entstehen.

nach Jesaja 43,18-19

Ihr seid berufen, liebe Freunde, in Freiheit zu leben – nicht in der Freiheit, euren sündigen Neigungen nachzugeben, sondern in der Freiheit, einander in Liebe zu dienen. Denn das ganze Gesetz lässt sich in dem einen Wort zusammenfassen: „Liebe deinen Nächsten wie dich selbst." Doch wenn ihr euch ständig zankt und übervorteilt, statt einander mit Liebe zu begegnen, dann passt auf, denn sonst vernichtet ihr euch noch gegenseitig.

GALATER 5,13-16

12

Um Glaubensmut beten

Ich sage dir: Sei stark und mutig! Hab keine Angst und verzweifle nicht. Denn ich, der Herr, dein Gott, bin bei dir, wohin du auch gehst.

Josua 1,9

Unsere Kinder können schon in jungen Jahren einen mutigen Glauben entwickeln und ihn für den Rest ihres Lebens behalten. Einige sind berufen, Evangelisten zu sein, wie mein (Sallys) ältester Sohn Ryan, dem es Spaß macht, Menschen auf der Straße das Evangelium zu bezeugen. Es macht ihm sogar so viel Spaß, dass er es in seine Geburtstagsparty integrierte, als er 15 wurde. Er und seine Freunde aßen Pizza und gingen dann in ein örtliches Einkaufszentrum, wo sie anderen von Christus erzählten. Wenn Ryan Menschen begegnet, die er vorher noch nicht kannte, beobachte ich immer wieder, dass er ihnen innerhalb weniger Minuten vom Glauben an Gott erzählt.

Man merkt, dass sowohl Ryan als auch die Person, die ihm zuhört, das Gespräch sehr schätzen. Natürlich ist nicht jeder Christ von Natur aus mutig oder begabt, andere zu evangelisieren, doch durch Gebet können wir alle – auch unsere Kinder – im Glauben mutig werden.

Gott ist für uns

Im ersten Kapitel des Buches Josua spricht Gott dreimal zu Josua und fordert ihn auf, stark und mutig zu sein. Offensichtlich hatte Josua Angst. Doch am Ende seines Lebens erklärte er mutig:

„Wenn ihr aber nicht bereit seid, dem Herrn zu dienen, dann entscheidet euch heute, wem ihr dienen wollt: den Göttern, denen eure Vorfahren jenseits des Euphrat dienten oder den Göttern der Amoriter, in deren Land ihr heute lebt? Ich und meine Familie werden jedenfalls dem Herrn dienen“ (Josua 24,15).

Josua lernte, dass niemand ihm standhalten konnte, wenn Gott für ihn war. Seine Angst wandelte sich in Mut, als er seine Hoffnung auf Gott setzte. In 2. Korinther 3,12 steht: „Da dieser neue Bund uns diese Hoffnung gibt, können wir alles wagen.“

Betrachten wir einmal die inspirierende Geschichte von David und Goliat in 1. Samuel 17. David war noch ein Knabe, als er dem Riesen Goliat begegnete. Selbst die erwachsenen Männer Israels flohen vor Goliat und „fürchteten sich sehr“ (Vers 24; ELB). David hatte den Mut, die Männer offen anzusprechen: „Was bekommt der Mann, der diesen Philister tötet und der Schande für Israel ein Ende setzt? Denn wer ist dieser unbeschnittene Philister überhaupt, dass er das Heer des lebendigen Gottes verhöhnen darf?“ (Vers 26). Dann forderte er Goliat mutig heraus:

> Du trittst mir mit Schwert, Speer und Wurfspieß entgegen, ich aber komme im Namen des Herrn, des Allmächtigen – des Gottes des israelitischen Heeres, das du verhöhnt hast. Heute wird der Herr dich besiegen und ich werde dich töten und dir den Kopf abhauen. Und dann werde ich die Leichen deiner Männer den Vögeln und wilden Tieren vorwerfen, und die ganze Welt wird wissen, dass es einen Gott in Israel gibt! 1. Samuel 17,45-46

Wahrscheinlich kennen Sie den Ausgang dieser Geschichte, die in 1. Samuel 17,50 zusammengefasst wird: „So triumphierte David nur mit Stein und Schleuder über den Philister, besiegte und tötete ihn.“

Es gibt viele verschiedene Arten von „Riesen“, die im Leben unserer Kinder auftreten können: die Schule, die sozialen Medien, Mobber, Ängste, psychische Störungen, Versuchungen, Krankheiten, Scheidung, Verlust eines geliebten Menschen und andere mehr. So wie Josua und David Mut schöpften und Riesen und andere Feinde bezwangen, können auch unsere Kinder im Glauben Mut schöpfen und alles überwinden, was sich ihnen in den Weg stellt.

Zuerst müssen wir kühn und zuversichtlich für sie beten.

In Hebräer 4,16 steht: „Lasst uns deshalb zuversichtlich vor den Thron unseres gnädigen Gottes treten. Dort werden wir Barmherzigkeit empfangen und Gnade finden, die uns helfen wird, wenn wir sie brauchen.“ Jedes Gebet hilft unseren Kindern, so zu werden wie Paulus, Maria, Debora, Daniel, Josua, David und andere, die in der Kraft des Heiligen Geistes mutig handeln konnten. Lesen Sie in der Bibel die Geschichten Ihrer persönlichen Glaubenshelden und beten Sie mit Versen aus diesen Geschichten für Ihre Kinder.

So wie Josua und David Mut schöpften und Riesen und andere Feinde bezwangen, können auch unsere Kinder im Glauben Mut schöpfen und alles überwinden, was sich ihnen in den Weg stellt.

Wir wissen, dass sie mit wachsendem Glauben mutiger werden. „Und doch kommt der Glaube durch das Hören dieser Botschaft, die Botschaft aber kommt von Christus“ (Römer 10,17). Indem sie Zeit mit Gott verbringen, werden ihre ängstlichen Herzen immer mehr in mutige verwandelt. In 2. Korinther 3,18 steht: „Wir alle aber schauen mit aufgedecktem Angesicht die Herrlichkeit des Herrn an und werden so verwandelt in dasselbe Bild von Herrlichkeit zu Herrlichkeit, wie es vom Herrn, dem Geist, geschieht" (ELB).

Joy Moreau, eine Leiterin von *Moms in Prayer*, berichtet von der folgenden Gebetserfahrung:

> Wir beteten mit Philipper 2,15-16 für jedes unserer Kinder, dass ________________ *als Kind Gottes ein reines, vorbildliches Leben führt in einer dunklen Welt voller verdorbener und verirrter Menschen, und unter ihnen wie ein helles Licht leuchtet, indem er/sie am Wort des Lebens festhält.* Hier ist Gottes Antwort auf dieses Gebet:
>
> Als unser Sohn Mitchell den Kindergarten besuchte, erklärte er den anderen Kindern beim Austausch in der Gruppe den Weg der Erlösung. Die Leiterin seiner Gruppe berichtete mir, dass er die Schritte zu einem Leben mit Christus kannte und den anderen Kindern in seiner Gruppe erklären konnte.
>
> Im fünften Schuljahr gab es in Mitchells Klasse einen Schreibwettbewerb. Alle Schüler sollten über einen Familienschatz schreiben. Der Abgabetermin fiel auf den Montag nach dem Muttertag. Am Muttertag erschien in der Lokalzeitung ein Interview mit mir über *Moms in Prayer*, was Mitchell veranlasste, über mich und unseren Dienst zu schreiben. Sein Aufsatz gewann den ersten Platz in der Klasse. Jeder Klassensieger erhielt die Gelegenheit, den eigenen Aufsatz vor allen Eltern vorzutragen, deren Kinder in ihrer Klasse gewonnen hatten. Gemeinsam mit all den anderen nahm ich teil, um die Geschichten zu hören. Der Raum war brechend voll mit Eltern, und sie alle hörten, was Mitchell über *Moms in Prayer* und den Schatz des Gebets für Kinder und Schulen erzählte.
>
> In demselben Jahr gab es in Mitchells Klasse ein Projekt, bei dem alle über eine Person schreiben sollten, die sie dann

wie in einem Live-Museum darstellten. Mitchell wählte Billy Graham und schilderte, wie er die Bibel predigte. Er zeichnete auch einige Predigten aus Billy Graham-Evangelisationen auf und spielte sie ab, während er von diesem gottesfürchtigen Mann aus North Carolina erzählte, der in der ganzen Welt aus der Bibel lehrte. Alle Schüler der Schule gingen durch die Bibliothek, um diese Präsentationen zu hören.

Ich danke Gott, dass er dieses Gebet erhörte und meinem Sohn die Möglichkeit gab, ihnen das Wort Gottes nahezubringen. Gott sei die Ehre.

Jetzt sind Sie an der Reihe! Ihr Kind hat vielleicht nicht die geistliche Gabe der Evangelisation, aber wir können beten, dass jedes unserer Kinder den Mut bekommt, anderen von der Liebe Christi zu erzählen, und dass Christus wie ein Licht durch sie ausstrahlt und andere zum Wort des Lebens hinzieht.

Bibelgebete um Glaubensmut

Herr, befähige ____________________, stark und mutig zu sein! Hilf ihr/ihm, keine Angst zu haben und nicht zu verzweifeln. Denn der Herr, unser Gott, wird mit ihr/ihm sein, wohin sie/er auch geht.

NACH JOSUA 1,9

Gib ____________________ Kraft, damit ihre/ seine guten Taten leuchten vor den Menschen, damit sie es sehen können und den Vater im Himmel dafür rühmen.

NACH MATTHÄUS 5,16

Ermutige ____________________, das Wort Gottes weiterzugeben, sei die Zeit günstig oder auch nicht. Um andere Menschen in Geduld und mit guter Lehre zu ermahnen und zu ermutigen!

NACH 2. TIMOTHEUS 4,2

Herr, wir bitten dich für ____________________, dass sie/er zur rechten Zeit entscheidet, wem sie/er dienen möchte. Auch später, zusammen mit ihrer/seiner zukünftigen Familie.

NACH JOSUA 24,15

Bitte hilf ____________________, in aller Offenheit von Jesus Christus zu sprechen und das Reich Gottes zu verkündigen, ohne Einschränkung.

nach Apostelgeschichte 28;31

Da wir im neuen Bund eine große Hoffnung haben, gib ____________________ viel Mut, Dinge zu wagen!

nach 2. Korinther 3,12

Schenke, dass ____________________ dich in ihrem/seinem Herzen heiligt und jederzeit bereit ist, Auskunft über ihre/seine Hoffnung zu geben, mit Freundlichkeit und Achtung für andere in einem reinen Gewissen. Wenn jemand etwas Böses über ____________________ sagt, soll derjenige beschämt werden, weil das vorbildliche Leben von ____________________ mit Christus die Aussagen des Beschuldigers Lügen straft.

nach 1. Petrus 3,15-16

Lass ____________________ zuversichtlich vor den Thron unseres gnädigen Gottes kommen. Damit sie/er Barmherzigkeit empfängt und die Gnade erlebt, die ihr/ihm in jeder Lebenslage weiterhilft.

nach Hebräer 4,16

Erinnere ___________________ daran, dass alles möglich ist durch Christus, der ihr/ihm Kraft geben wird.

NACH PHILIPPER 4,13

Hilf ___________________, ein reines und vorbildliches Leben als Kind Gottes zu führen, in einer dunklen Welt voller verdorbener und verirrter Menschen. Hilf ihr/ihm, durch das eigene Leben als helles Licht zu leuchten.

NACH PHILIPPER 2,15-16

Ich liebe dich, Herr, durch dich bin ich stark!

Der Herr ist mein Fels, meine Burg und mein Retter; mein Gott ist meine Zuflucht, bei dem ich Schutz suche. Er ist mein Schild, die Stärke meines Heils und meine Festung!

Herr, wenn ich dich lobe und anrufe, dann werde ich vor meinen Feinden gerettet.

Die Ketten des Todes umschlangen mich, die Fluten der Zerstörung gingen über mich hinweg.

Das Totenreich öffnete sich schon vor mir, der Tod selbst starrte mir ins Gesicht.

Doch in meiner Not betete ich zum Herrn und schrie zu meinem Gott um Hilfe. Da erhörte er mich in seinem Heiligtum, mein Schreien drang durch bis an sein Ohr …

Gottes Wege sind vollkommen. Alle Worte des Herrn sind wahr. Allen, die sich zu ihm flüchten, bietet er Schutz.
Wer ist Gott außer dem Herrn? Wer ist ein Fels außer Gott?
Gott gibt mir Kraft und macht den Weg sicher.
Er macht meine Schritte leichtfüßig wie die eines Hirsches und stellt mich hin auf meine Höhen.
Er bereitet mich auf den Kampf vor und macht mich stark, sodass ich einen bronzenen Bogen spannen kann.
Du gibst mir rettenden Schutz. Deine Hand hält mich und durch deine Gnade hast du mich stark gemacht.
Du ebnest den Weg für meine Füße, damit ich nicht stürze …

Der Herr lebt! Ich preise ihn. Er ist mein Fels! Ich will den Gott meines Heils erheben!

Psalm 18,2-7,31-37,47

13

Gebet für die Zukunft unserer Kinder

Vertraue von ganzem Herzen auf den Herrn und verlass dich nicht auf deinen Verstand. Denke an ihn, was immer du tust, dann wird er dir den richtigen Weg zeigen.

SPRÜCHE 3,5-6

Ich (Cyndie) brachte meinen Sohn eines Morgens früh zum Bahnhof, weil er seinen Freund in Los Angeles treffen wollte, um einen Trailer für ihren Kurzfilm zu drehen. Wieder zuhause angekommen, setzte ich mich entspannt in meinen bequemen, roten Sessel, um ein paar Augenblicke mit dem Herrn zu verbringen. Ich blätterte in der Bibel, um meine Lektüre und Meditation über den zweiten Timotheusbrief fortzusetzen, doch bevor ich zu diesem Abschnitt kam, ließ Gott mich in den Psalmen innehalten – in Psalm 20, genauer gesagt. Es war ein oft gelesener Abschnitt, neben dem ich notiert hatte, wann ich mit diesem Psalm für andere gebetet oder ihn für mich selbst in Anspruch genommen hatte. Ich hatte vergessen, dass ich erst wenige Monate zuvor „für meine Absolventen" geschrieben hatte, als mein Sohn das College und meine Tochter die High School abschloss.

Was für ein Privileg, dass ich all diese Jahre für die Zukunft meiner Kinder beten durfte, die jetzt die Antworten auf so viele Gebete erleben. Es war ein bewegender Moment des Nachdenkens und der Dankbarkeit für alles, was Gott bereits getan hatte. Und Dankbarkeit für alles, was er für die Zukunft meiner Kinder plant. Seine Absichten können sein, ihre Wünsche mit den seinen in Einklang zu bringen und ihre Pläne zu seiner Ehre und nach seiner göttlichen Absicht gelingen zu lassen.

Psalm 20,1-2,4-5

> Der Herr erhöre deinen Hilferuf, wenn du in Not bist. Der Name des Gottes Israels beschütze dich.
> Er schicke dir Hilfe aus seinem Heiligtum und stehe dir von Zion her bei.
> Er erfülle dir, was dein Herz wünscht, und lasse deine Pläne gelingen.
> Wenn er dir hilft, wollen wir vor Freude jubeln und die Fahnen zu Gottes Ehre schwenken. Der Herr erhöre alle deine Gebete!

In meiner stillen Zeit pries ich Gott für seine Treue als unser Beschützer, bekannte ihm meine elterlichen Sorgen und dankte ihm dafür, dass er meine Kinder durch ihre Schulzeit getragen hatte. In meinem Buch *Unerschütterlich*[3] erzähle ich von einigen der schmerzlichen Schwierigkeiten, die meine beiden Kinder erlebt haben. Doch Gott setzte immer wieder ein Ausrufezeichen, indem er ihnen schenkte, was ihr Herz begehrte, und ihre Pläne zum Erfolg führte – nicht immer so, wie wir es uns wünschten, aber so, dass wir auf Gottes gute Pläne für ihr Leben vertrauen konnten.

Ich fotografierte die Verse und schickte sie per SMS an Elliott, der zurückschrieb: „Perfekt!"

Schon im Vorschulalter hatte er den Wunsch, Filmemacher zu werden. In der achten Klasse gewann er die ersten Preise für seine Kurzfilme, und mit der Gnade Gottes hat er auf diesem Gebiet, das Gott ihm so früh aufs Herz legte, immer wieder Erfolge erlebt. Jetzt ist er als College-Absolvent bereit, sich in die „echte Welt" zu stürzen, in der er vollzeitig arbeiten, Miete zahlen, durch den tückischen südkalifornischen Verkehr manövrieren und herausfinden wird, was dieses „Erwachsensein" bedeutet.

---

3 Unerschütterlich (Sally Burke, Cyndie Claypool de Neve);
erschienen im cap-Verlag; Bestell-Nr.: 52 50465; ISBN 978-3-86773-305-2

Und so betete ich für meine beiden Kinder:

Herr, schenke Elliott und Zoe, was ihr Herz begehrt, und lass ihre Pläne gelingen, so werden wir über deine Hilfe vor Freude jubeln und zu deiner Ehre die Siegesfahnen schwenken. Und wenn mein Herz sich ängstigt, dass Satan sie vom Weg abbringen könnte oder ihr Erfolg vielleicht lange auf sich warten lässt, dann bete ich mit dem Anfang dieser Verse, dass Gott sie erhören wird, wenn sie in Not geraten, dass der Name des Gottes Israels sie beschützt und dass Gott ihnen Hilfe aus seinem Heiligtum schickt und ihnen beisteht.

Was treibt mich an, auch an solchen Tagen inständig zu beten, wenn Gottes Absicht nicht klar oder sein Weg nicht leicht zu erkennen ist? Es ist die Erinnerung an das, was er in der Vergangenheit getan hat. Elliott hatte jahrelang mit Legasthenie zu kämpfen, und doch hat er gerade nach vier Jahren das College mit magna cum laude abgeschlossen und sich den Respekt seiner Kommilitonen und Dozenten erworben. Wir haben um Durchhaltevermögen gebetet, und Gott hat es ihm reichlich gewährt. Meine erste *Moms in Prayer*-Gruppe startete ich, als Elliott in der zweiten Klasse war und schon da selbst mit einfachen Schulaufgaben wie Arbeitsblättern und Lesen zu kämpfen hatte. Ich erinnere mich noch, wie ich mich damals fragte, ob er überhaupt den High School-Abschluss schaffen würde.

Was für eine Freude, wenn ich auf die vielen Jahre zurückzublicke, in denen wir – oft mit Sorge und dem Gebet um die richtige Orientierung – für seine Zukunft beteten, und nun die Früchte all dieser Gebetserhörungen erleben. Hören wir jetzt auf zu beten, nachdem er das College abgeschlossen hat? Nein, natürlich nicht. Wir werden weiter für ihn beten und Gott bitten, ihm die guten Absichten zu zeigen, für die er geschaffen wurde (Epheser 2,10).

Herr, hilf _________________, dass sie/er versteht, dass sie/er Gottes Geschöpf ist, in Christus neu geschaffen und zu guten Taten fähig, wie es der Herr schon vorbereitet hat.

NACH EPHESER 2,10

Gebet, wenn der Weg nicht klar ist

Ich weiß, wie schwer es fallen kann, mitten in einer schwierigen Zeit mit voller Überzeugung um Durchhaltevermögen zu beten, vor allem, wenn der Kummer einem fast das Herz bricht. Gott stellte uns besonders durch die ständigen Verletzungen meiner Tochter auf die Probe, die sie von ihrer Tanzleidenschaft und dem Wunsch, Tanzlehrerin zu werden und Teenager zu trainieren, abhielten. Doch Jahr für Jahr kommt es erneut zu Verletzungen – Verletzungen, die ihre Träume aber immer noch nicht zunichte gemacht haben.

Sie erlitt einen Bruch an der Wirbelsäule und wurde am Knie operiert – beide Verletzungen heilte Gott schnell. Doch die Verletzung im Abschlussjahr ihrer Tanzwettbewerbe war für uns schwer zu verstehen, denn sie schien bei jeder Gelegenheit ein Stoppschild aufzustellen.

In ihrem ersten Jahr an der Charter High School nahm Zoe an einer Reihe außerschulischer Aktivitäten teil: Musiktheater, Gymnastik, Schulchor, Singen in der Lobpreisband, Helferin beim Kinderchor, Sonntagsunterricht. Und weil wir die Tanzlehrerin und den Trainer des brandneuen Tanzteams ihrer High School kannten und bewunderten, trat sie auch dem Tanzteam bei. Sie liebte das Tanzen schon als kleines Kind, mit ihren niedlichen, unordentlichen Pferdeschwänzen und ihrem ernsten Gesichtsausdruck, wenn sie versuchte, so präzise wie möglich zu tanzen. Sie machte bis zur fünften Klasse weiter und wechselte dann zum Turnen. Als meine Gebetsgruppe darum betete, dass sie ihre wahre Leidenschaft und Bestimmung finden würde, verblassten die anderen Interessen. Übrig blieb eine Leidenschaft nicht nur für das Tanzen an sich, sondern auch für den schönen, künstlerischen Ausdruck der Choreografie und die Ermutigung ihrer Teamkollegen. Zudem entwickelte sie eine Fähigkeit, von der ich bis dahin nichts gewusst hatte: die erstaunliche Fähigkeit, die üblichen Teenager-Dramen zu unterbinden. Natürlich nicht alle Dramen – die typischen Hormonschübe in der High School-Zeit kann nur Jesus Christus mildern. Schon bald fasste Zoe das Berufsziel, High School-Tanzlehrerin und Trainerin zu werden.

Im zweiten Studienjahr verletzte sie sich am Knie, und wir planten eine Operation, um die Auswirkungen auf ihre Proben für die Wettbewerbstanzstücke und das Vortanzen für die Aufnahme in das College-Tanzteam so gering wie möglich zu halten. Die Operation verlief gut. Zoe erholte sich schnell und führte viele Tänze für die Weihnachtsaufführung in der Schule auf. Die Meisterschaftssaison begann gut, und sie konnte immer mehr Punkte für ihre Tanzsolos sammeln. Gott hatte es so eingerichtet, dass eine der beiden Landesmeisterschaften, die normalerweise an demselben Wochenende stattfinden, um eine Woche verschoben wurde. Zoe trat mit ihrem Solo bei einem ersten nationalen Wettbewerb auf und belegte den dreizehnten Platz. Sie hatte das Gefühl, es besser machen zu können, und so strengte sie sich an, um für die folgenden Landesmeisterschaften bereit zu sein. Über einen Monat lang beendete sie jedes Gebet mit den Worten: „Und ich bete, dass wir bei den Landesmeisterschaften ein Meisterschaftsbanner erringen und Rucksäcke gewinnen." Das fünfjährige Team hatte noch nie einen ersten Platz bei den Landesmeisterschaften belegt, und sie wollte unbedingt dieses Meisterschaftsbanner für die Schulaula und die Meisterschaftsrucksäcke für ihr Team.

Ich fuhr einige der Tänzerinnen zum Turnier. Als wir die Fahrt von San Diego nach Orange County antraten und in Kalifornien auf die berüchtigte I-5 einbogen, warnte ein digitales Straßenschild vor einem nahenden Sturm. Der Regen setzte gerade ein, als mein 3,20-Alarmsignal ertönte und mich daran erinnerte, mit Epheser 3,20 zu beten – dass Gott auf eine Weise antwortet, die alles übertrifft, was wir erbitten oder uns vorstellen können. Ich betete, dass Gott den Regen bis zu unserer sicheren Ankunft aufhalten würde (was er auch tat!) und dass die Mädchen bei ihrem Wettbewerb gut abschneiden würden.

Bei der ersten Landesmeisterschaft waren wir begeistert, dass die kleine Jazznummer, die Zoe mit vier anderen Mädchen tanzte, den ersten Platz in ihrer Kategorie belegte, sodass sie ein Landesmeisterschaftsbanner – und Landesmeisterschaftsjacken – mit nach Hause nahmen. Diese Jacken wurden von den beteiligten Mädchen ständig getragen und sehr geschätzt, besonders von den älteren in der Gruppe. In der folgenden Woche fand die zweite Landesmeisterschaft statt – die „echte" aus der Sicht von Zoe und ihrer Freundin, die in den ganzen vier Jahren ebenfalls zum Team gehörte.

Zoes Solo war der erste Tanz des Teams bei dem dreitägigen Tanzwettbewerb in den USA. Sie war bereit und brannte darauf, „alles aufs Parkett zu bringen". Sie hatte das Gefühl, bisher noch nicht ihr Bestes gezeigt zu haben, und das wollte sie jetzt tun. Ihre Teamkameraden und ich standen in einer Reihe, um sie anzufeuern. Sie betrat das Parkett und legte los. Ihr Stück war bewegend, und der tiefe Ausdruck der Musik und der Choreografie spiegelte sich in ihrer Mimik. Sie hatte gerade mal 30 Sekunden getanzt, als sie zu ihrem Sprung ansetzte – einem wunderschönen Sprung, den sie schon Dutzende Male gezeigt hatte; aber dieses Mal war es anders. Ein unverwechselbares Knacken war zu hören. Zoe ging zur nächsten Formation über, doch als sie mit dem rechten Fuß wieder aufsetzen wollte, hielt sie in der Bewegung inne. Ich hielt den Atem an, als der Trainer zu ihr lief. Meine Tochter, die immer nach dem Hashtag #niezukrankoderverletztumabzuliefern lebte, hüpfte – auf ihren Trainer gestützt – von der Tanzfläche. Zoes einzige Sorge war, ihr Solo zu Ende zu tanzen. Sie wurde bandagiert, aber da sie den Fuß nicht belasten konnte, schickte man sie zur Röntgenuntersuchung.

Ich bin eigentlich der Meinung, dass ich gut mit Krisen umgehen kann, aber in diesem Moment war ich wie erstarrt. Gott stellte uns aber liebevoll den Tanztrainer mit seinem Assistenten und unsere lieben Freunde zur Seite, die uns bei den nächsten Schritten begleiteten. Die Ramoses, mit denen wir seit der Kindergartenzeit unserer Töchter befreundet waren, fuhren uns freundlicherweise in die Notaufnahme und warteten mit uns auf das Röntgenbild und die vorläufige Diagnose, die „nur eine Verstauchung“ ergab. Der Arzt riet Zoe, den Rest des Wochenendes nicht mehr zu tanzen, damit sie am darauffolgenden Wochenende für die Aufnahme in das College-Tanzteam vortanzen konnte. Was für eine schreckliche Option!

Als wir am nächsten Morgen mit dem Team frühstückten, brach meine sonst so starke Tochter in Tränen aus, als ihr Trainer sie fragte, wie es ihr ginge. Sie war am Boden zerstört, blieb aber vor ihrem Team tapfer und half beim Training der anderen Tänzerinnen, die in den Gruppenstücken für sie einspringen sollten. Es tat mir im Herzen weh, dass sie zusehen musste, wie die anderen Mädchen ohne sie auftraten. In meinem Herzen betete ich: „Glücklich ist, wer die Prüfungen des Glaubens geduldig erträgt. Wenn er sich bewährt hat, wird er den Siegeskranz des Lebens empfangen, den Gott denen versprochen hat, die ihn lieben“ (Jakobus 1,12).

Gesegnet ist ________________, wenn sie/er
die Prüfungen des Glaubens geduldig
erträgt. Wenn ________________ sich darin
bewährt, wird sie/er die Krone des Lebens
empfangen, die du denen versprochen hast,
die dich lieben.

Nach Jakobus 1,12

Am letzten Abend erhörte Gott ihr monatelanges Gebet: Das Team verblüffte uns alle, als die Mädchen mit ihrer großen Jazznummer den Sieg errangen und damit ein Meisterschaftsbanner für die Schule und Rucksäcke für alle erhielten. Später scherzte ich mit Zoe, dass ihr Gebet nicht konkret genug gewesen sei. Als sie betete, dass ihr Team Rucksäcke für die Meisterschaft gewinnen würde, hatte sie nicht wirklich darum gebetet, dass sie selbst mit ihrem Team tanzen würde!

Zoe war niedergeschlagen, weil sie bei ihren letzten nationalen Meisterschaften nicht tanzen konnte. Und wir waren erst recht niedergeschlagen, als wir von unserem Hausarzt und dann von unserem Orthopäden erfuhren, dass sie am folgenden Wochenende auch nicht für das College-Tanzteam vortanzen würde. Leider war die Verletzung noch so groß, dass sie nicht für ein mögliches Tanzstipendium am College vortanzen konnte. Das war nicht nur ein finanzieller Schlag, sondern auch das Ende eines Traums. Seitdem habe ich oft mit Psalm 18 für sie gebetet.

Psalm 18,32-37

> Wer ist Gott außer dem Herrn? Wer ist ein Fels außer Gott?
> Gott gibt mir Kraft und macht den Weg sicher.
> Er macht meine Schritte leichtfüßig wie die eines Hirsches
> und stellt mich hin auf meine Höhen.
> Er bereitet mich auf den Kampf vor und macht mich stark,
> sodass ich einen bronzenen Bogen spannen kann.
> Du gibst mir rettenden Schutz. Deine Hand hält mich und
> durch deine Gnade hast du mich stark gemacht.
> Du ebnest den Weg für meine Füße, damit ich nicht stürze.

Als ich die wunderschönen Fotos von Zoes Tanzsolo sah, kaufte ich sie alle, und auf das Foto, das den Sprung zeigte, schrieb ich die Verse aus Jesaja 40,28-31:

Weißt du es denn nicht?
Hast du denn nicht gehört?
Der Herr ist ein ewiger Gott, der Schöpfer der ganzen Erde.
Er wird nicht matt oder müde. Sein Verstand ist unergründlich.
Er gibt den Erschöpften neue Kraft; er gibt den Kraftlosen reichlich Stärke.
Es mag sein, dass selbst junge Leute matt und müde werden und junge Männer völlig zusammenbrechen, doch die, die auf den Herrn warten, gewinnen neue Kraft.
Sie schwingen sich nach oben wie die Adler.
Sie laufen schnell, ohne zu ermüden.
Sie gehen und werden nicht matt.

Wir beteten, dass es ein zweites Vortanzen für das College-Tanzteam geben würde – und das geschah tatsächlich! Allerdings fiel der Termin genau auf den Tag, an dem ihr letztes Frühlingskonzert an der High School stattfinden sollte, und Zoe wollte nicht darauf verzichten, ein letztes Mal mit ihrem Team zu tanzen. Allerdings riet der Orthopäde ihr eine Woche vor den beiden Veranstaltungen generell vom Tanzen ab. Als wir von der Praxis nach Hause fuhren, fragte ich sie, was sie wegen des Konzerts tun wolle. „Ich werde tanzen", sagte sie entschlossen. „Vielleicht könntest du dich aus einigen Nummern herausnehmen", schlug ich vor. Aber ich habe längst gelernt, dass ich im Leben meiner Kinder nicht die Rolle des Heiligen Geistes übernehmen kann, und so bat ich Gott, ihr Weisheit zu geben. Trotz der Tränen und der Frustration – und obwohl sie seit sechs Wochen nicht mehr getanzt hatte – tanzte sie wunderbar. Sie hatte zwar leichte Schmerzen, aber es war nicht so schlimm, wie ich erwartet hatte. Sie brachte mehrere Choreografien ein, sang ein wunderschönes Solo und tanzte 18 Nummern in den beiden Shows. Gott schenkte ihr die Gelegenheit, ihr großes High School-Finale zu feiern, umgeben von den Teamkameradinnen, die sie verehrte.

Leider ergab eine MRT-Untersuchung im Sommer, dass sie sich den Knorpel verletzt hatte, was die Schmerzen verursachte. Kurz vor Beginn ihres ersten College-Jahres wurde sie wieder in einen Gehstiefel gesteckt und musste den Tanzunterricht aufgeben, auf den sie sich so sehr gefreut hatte. Zoe fragt gelegentlich, warum Gott so etwas zulässt. Mein Antwort: Ich habe keine Ahnung. Doch das ungewöhnliche Timing zeigt uns, dass Gott etwas vorhat. Alles, was wir tun können, ist weiter zu beten und darauf zu vertrauen, dass er Zoes Zukunft nach seinem besten Plan lenkt. Eines Tages werden wir auf Zoes zerplatzte Träume zurückblicken und den wunderbaren Plan erkennen, den Gott in ihrem Leben entfaltete. Bis es soweit ist, halten wir uns an die Hoffnung aus Römer 8,28: „Wir wissen aber, dass denen, die Gott lieben, alle Dinge zum Guten mitwirken, denen, die nach seinem Vorsatz berufen sind“ (ELB).

Herr, hilf ________________ zu verstehen, dass denen, die Gott lieben und die du erwählt hast, alle Dinge zum Besten dienen müssen.

NACH RÖMER 8;28

Hoffnung spenden

Während wir darauf warten, dass Gott die Geschichte meiner Tochter zu Ende schreibt, möchte ich Sie mit zwei Erfahrungsberichten ermutigen. Der erste stammt von Debbie Strobel, einer langjährigen Leiterin von *Moms in Prayer*.

Meine denkwürdigste Erfahrung mit dem Gebet nach der Heiligen Schrift ereignete sich im Herbst 2007 und im Winter 2008. Mein ältester Sohn Preston hatte immer davon geträumt, die U.S. Coast Guard Academy zu besuchen, aber wir wussten, dass es extrem schwierig sein würde, dort zugelassen zu werden, da nur etwa zehn Prozent der Bewerber angenommen werden. Während wir noch auf die Nachricht warteten, ob er eine vorzeitige Zulassung erhalten würde, sprach Gott durch unsere *Moms in Prayer*-Gruppe zu mir. Ich hatte Hoffnung als das Attribut gewählt, für das wir Gott loben wollten, und las Klagelieder 3,21-26 vor. Doch das Wort, das mir in dem Abschnitt mehrmals ins Auge sprang, war „warten". Es schien, als wollte Gott mir sagen, dass mein Sohn keine vorzeitige Zulassung erhalten würde und „still warten" (Vers 26) sollte. Noch am selben Nachmittag erhielt er eine briefliche Mitteilung, dass sein Antrag auf vorzeitige Zulassung abgelehnt worden war und er in das reguläre Zulassungsverfahren aufgenommen wurde. Also warteten wir.

Im Februar 2008 hatte ich für unser morgendliches Gebetstreffen das Attribut „Gott als Offenbarer" gewählt. Während wir ihn für diese Eigenschaft priesen, hatte ich den Eindruck, dass er mir mitteilte, dass Prestons Einschreibung bekanntgegeben werden würde. Noch am selben Nachmittag erhielt Preston einen Anruf von der Zulassungsstelle, die ihm mitteilte, dass er angenommen worden war. Normalerweise verschicken sie nur einen Brief, aber diesmal entschied die zuständige Beamtin, ihn frühzeitig durch einen persönlichen Anruf zu informieren.

Ich führte ein Tagebuch über seine Zeit an der Akademie, und zwei Seiten dieses Tagebuchs enthalten die beiden Briefe (den negativen und den positiven) mit den Bibelversen, durch die Gott gesprochen hatte. Dieses Tagebuch wird Preston eine Hilfe sein, sich immer an Gottes Treue zu erinnern.

2011 erfuhr ich bei einem Besuch in der Akademie ein weiteres erstaunliches Detail dieser Geschichte. Man sagte mir, dass nur eine Handvoll derjenigen, deren vorzeitige Zulassung abgelehnt wurde, später in die Akademie aufgenommen wurden!

Um einen zukünftigen Ehepartner beten

Kaum etwas beeinflusst die Zukunft unserer Kinder so sehr wie die Wahl des Ehepartners. Deshalb ermutigen wir die *Moms in Prayer*-Gruppen, von Zeit zu Zeit dafür zu beten, dass Gott einen gläubigen Ehepartner vorbereitet, der zu ihrem Kind passt, damit beide gemeinsam dem Herrn dienen können. In einem früheren Kapitel haben wir von einer dieser Gebetserhörungen berichtet. Hier ist eine weitere:

In unseren *Moms in Prayer*-Gruppen erleben wir, dass Gott unsere Gebete auf erstaunliche Weise erhört. Von diesen wunderbaren Erfahrungen zu berichten, ist eine gute Möglichkeit, einander zu ermutigen. Wenn Sie Mutter von kleinen Kindern sind oder Kinder einer anderen Altersgruppe haben, die noch nicht verheiratet sind, könnte es ein wichtiges Gebetsanliegen sein, Gott um gläubige Ehepartner zu bitten, die ihre Partner fürs Leben werden. Für mich wurde dieses Gebet am 30. Dezember 2017 erhört, als mein ältester Sohn Preston Alla heiratete.

Dass die Beiden sich überhaupt gefunden haben, ist eine wahre Gottesgeschichte! Alla wurde im Iran als Kind muslimischer Eltern geboren. Ihr Vater Hamid war Soldat und wurde im Ersten Golfkrieg schwer verwundet, sodass er das Militär verließ und begann, Waren aus der Ukraine zu importieren.

Bei einem seiner Besuche dort wurde er von einem Freund in eine christliche Kirche eingeladen, wo er eine Bibel in seiner eigenen Sprache erhielt und vom Pastor aufgefordert wurde, das Johannesevangelium zu lesen. Er nahm die Bibel und fing tatsächlich an, sie neben seinem Koran zu lesen, weil er davon ausging, dass er die Bibel für wertlos halten würde. Doch als er beide Bücher gelesen hatte, hielt er schließlich die Bibel in der Hand und erklärte: „Das ist die Wahrheit!“ Wegen seines neuen Glaubens durfte er nicht in den Iran zurückkehren. Schließlich gelang es ihm, seine Familie in die Ukraine zu bringen, wo sie mehrere Jahre lebten, bevor sie mit Hilfe einer amerikanischen Gemeinde in die Vereinigten Staaten auswanderten.

Sieben Jahre später lernte Alla meinen Sohn in San Diego kennen, und etwa 18 Monate später waren sie verheiratet. An dem Tag, als ich anfing, für Prestons zukünftige Ehepartnerin zu beten, obwohl er noch ein kleines Kind war, hätte ich mir nie vorstellen können, dass Gott all diese Umstände so lenken würde, dass er seine ideale Partnerin kennen lernen konnte.

Bibelgebete für die Zukunft

Danke, Herr, dass die Pläne, die du für ___________________ hast, gute Pläne sind. Pläne zum Heil, nicht zum Leid. Du wirst ___________________ Zukunft und Hoffnung geben.

NACH JEREMIA 29,11

Herr, erinnere ___________________ daran, dass menschliche Weisheit, Einsicht oder Pläne nichts gegen den Herrn ausrichten können.

NACH SPRÜCHE 21,30

Herr, hilf ___________________ zu verstehen, dass alle Dingen denen zum Guten dienen, die du berufen hast.

NACH RÖMER 8,28

Hilf ___________________, ihr/sein Vertrauen nicht wegzuwerfen, denn es wird eine große Belohnung haben. Gib ihr/ihm Geduld, damit sie/er weiterhin nach Gottes Willen handelt. Dann wird ___________________ alles empfangen, was du versprochen hast.

NACH HEBRÄER 10,35-36

Zeige __________________ deine Wege,
weise __________________ deine Pfade,
denen sie/er folgen soll. Führe und leite sie/ihn, nach deiner Wahrheit zu leben.

nach Psalm 25,4-5

Ob __________________ nach rechts oder links gehen soll, lass sie/ihn deine Stimme hören, die sagt: „Diesen Weg sollst du gehen."

nach Jesaja 30,21

Menschen machen Pläne, aber vom Herrn kommt die richtige Antwort. Der Mensch hält sich für gut, aber der Herr prüft seine Absichten. Hilf __________________, dir alle Vorhaben anzuvertrauen, dann wirst du ihr/ihm Gelingen schenken.

nach Sprüche 16,1-3

Gib, dass __________________ zu dir betet, weil sie/er weiß, dass du hören wirst. Zeige ihr/ihm deine wunderbare Gnade.

nach Psalm 17,6+7

Liebe, Gnade und Treue sollen
__________________ nie verloren gehen,
weil sie/er es wie eine Kette um den Hals trägt.
Schreibe deine Gnade in ihr/sein Herz. Dann
wird __________________ freundlich und
klug werden und Anerkennung bei den Menschen finden.

NACH SPRÜCHE 3,3-4

Hilf __________________, dir von ganzem
Herzen zu vertrauen und sich nicht auf den eigenen Verstand zu verlassen. Erinnere sie/ihn daran, deinen Willen zu suchen, in allem, was sie/er tun wird.
Hilf ihr/ihm, sich nichts auf eigene Weisheit einzubilden, sondern den Herrn zu fürchten und das Böse zu meiden.

NACH SPRÜCHE 3,5-7

Erfülle __________________, was ihr/sein
Herz wünscht und lass ihre/seine Pläne gelingen. Wenn Gott ihr/ihm hilft, wollen wir jubeln vor Freude und die Siegesfahnen zu Gottes Ehren schwenken.

NACH PSALM 20,5-6

Ein Gebet, besonders für Christen:

Lass ___________________ schon am Morgen deine Gnade erfahren, denn sie/er vertraut auf dich. Zeige ___________________ einen Weg, den sie/er gehen soll, weil sie/er dich darum gebeten hat.

Rette ___________________ vor Feinden, Herr, lass sie/ihn zu dir flüchten, um Schutz zu suchen.

Lehre ___________________, deinen Willen zu tun, denn du bist ihr/sein Gott. Dein guter Geist führe ___________________ auf einem sicheren Weg.

Um der Herrlichkeit deines Namens willens und weil du ein gerechter Gott bist, rette ___________________ und befreie sie/ihn aus dieser Not.

nach Psalm 143,8-11

Dennoch will ich mir dies zu Herzen nehmen, das will ich hoffen: Die Gnade des Herrn nimmt kein Ende! Sein Erbarmen hört nie auf, jeden Morgen ist es neu. Groß ist seine Treue. Meine Seele spricht: „Der Herr ist mein Anteil, auf ihn will ich hoffen."

Der Herr ist gut zu denen, die auf ihn warten und ihn suchen. Deshalb ist es gut, still zu werden und auf die Befreiung durch den Herrn zu warten.

KLAGELIEDER 3,21-26

14

Gebet für die Lehrer, Ausbilder und Mentoren im Leben Ihrer Kinder

Sorgt gut für die Herde Gottes, die euch anvertraut ist. Hütet sie gern und nicht widerwillig, sondern wie Gott es will. Kümmert euch nicht um sie, um euch Vorteile zu verschaffen, sondern weil ihr Gott gerne dienen wollt.

Dabei sollt ihr die Menschen, die eurer Leitung unterstellt sind, nicht bevormunden, sondern sie durch euer gutes Beispiel leiten. Und wenn der oberste Hirte wiederkommt, werdet ihr mit seiner unbegrenzten Herrlichkeit belohnt werden.

1. Petrus 5,2-4

Wahrscheinlich sind Sie als Eltern nicht die einzigen Erwachsenen, die Einfluss auf Ihr Kind haben. Lehrer, Trainer, Pastoren, Seelsorger und Mentoren können das Leben eines Kindes stark prägen. Denken Sie an einen Fußballtrainer, der die kleinen Jungs auf dem Fußballplatz anschreit, die nicht begriffen haben, welches Tor ihrer Mannschaft gehört. Welchen Einfluss hat das auf ein Kind – und auf seine Familie? Denken Sie im Vergleich dazu an einen freundlichen Trainer, der Ihr Kind anspornt, durchzuhalten, „noch ein klein wenig mehr" zu geben, als Teamplayer zu spielen und zur Einheit beizutragen. Lehrer und Trainer helfen unseren Kindern nicht nur, körperliche und schulische Fähigkeiten zu entwickeln, sondern fördern in ihnen auch Eigenschaften, die Einfluss auf den Charakter und die weitere Entwicklung unserer Kinder haben.

Wie im vorherigen Kapitel erwähnt, probierte meine (Cyndies) Tochter Zoe eine Reihe außerschulischer Aktivitäten aus, als sie in die High School kam. Sie begeisterte sich für diejenige Aktivität, die sie am meisten herausforderte. Dort entfaltete sie ihre Fähigkeiten und Stärken, sodass sie die Anerkennung ihrer Tanzlehrerin und ihres Teams fand. Ihre Lehrerin forderte sie auf, ihr Bestes zu geben, doch wenn eine Aufführung nicht gut lief, nahm sie es mit einem Schulterzucken hin und beschwichtigte: „Das ist schon okay." Auffallend war, dass diese Lehrerin – die den größten Teil ihres Lebens in der Welt des Turniertanzes verbracht hatte – die Dinge nie persönlich nahm und weder einen Sieg noch eine Enttäuschung auf sich selbst bezog. Das hat mich immer beeindruckt. Sie erwartete gutes Benehmen und gute Teamarbeit, und meine Tochter konnte unter ihrer Führung und Betreuung als Person weiter wachsen.

Bei einem schwierigen Lehrer oder Betreuer dagegen kann sich ein Schuljahr extrem in die Länge ziehen. In jedem Fall sollten wir kontinuierlich für die Erwachsenen im Leben unserer Kinder beten, ganz gleich ob es sich um Lehrkräfte, Trainer, Jugendpastoren, Mentoren, Schulleiter oder Schülerberater handelt, oder um das Schulpersonal, das für Sicherheit, Essensausgabe oder Erste Hilfe zuständig ist.

Der Trainer Ty Nichols, ein Sohn von Fern Nichols, der Gründerin von *Moms in Prayer* International, sagte zu einer Gruppe von Müttern: „Für mich zieht jeden Tag eine eifrige Beterin in den Kampf. Ist das nicht großartig? Sie nimmt Schwert und Schild in die Hand und macht sich an die Arbeit! Ich bin Trainer und weiß, was das bedeutet – schwitzen und bluten und sich durchbeißen; und das geschieht jedes Mal, wenn wir beten. Fürbitte ist kein Kinderspiel und kein Zuckerschlecken. Es ist ein Kampf, und es sind Ihre Kinder, für die Sie in den Kampf ziehen."

Wenn wir für Lehrende beten, beeinflussen wir die Zukunft!

Sie und ich haben das große Vorrecht und die wunderbare Möglichkeit, für Lehrer und Lehrerinnen zu beten, die in großen und in kleinen Dingen Einfluss auf die Kinder und die Schule haben. Unsere Gebete können denen, die den Herrn noch nicht kennen, den Weg zur Errettung ebnen. Oft wurde ich (Sally) Zeugin, wie Lehrende und andere Personen aus der Schulbelegschaft sich bekehrten. Auch für Lehrende, die Jesus schon kennen, müssen wir in den Riss treten. Unsere Gebete werden ihnen Segen, Erfolg, Weisheit, Schutz, Frieden, Freude und so viel mehr bringen. Hier ist der Erfahrungsbericht einer dieser erstaunlichen Lehrerinnen, Cathy Bamber. Gebet ermächtigt die Menschen, für die Sie beten!

Langsam und ein wenig unsicher betrat er mein Klassenzimmer. Ich hatte schon erfahren, wer er war, und wusste durch ein Gespräch mit seiner vorherigen Lehrerin, dass er besonders viel Zeit und Geduld benötigen würde. Ich war also vorbereitet …, dachte ich.

Der junge Mann wurde von seiner Mutter begleitet. Ich sollte bald erfahren, dass sie auch seine Cheerleaderin war, sein größter Fan, seine Hoffnung.

Sie und ich lernten einander rasch kennen, als wir uns trafen, um über seine täglichen Herausforderungen zu sprechen. Nie kritisierte sie meine Methoden. Ganz im Gegenteil brachte sie mir kleine Aufmerksamkeiten mit einer aufmunternden Notiz mit: „Sie machen wirklich einen Unterschied." „Sie geben jedem Kind das Gefühl, etwas Besonderes zu sein." „Sie sind ein Segen." Ich war überwältigt von so vielen freundlichen Gesten.

Sie sprach mit mir auch über ihre Gewissheit, dass Gott einen Plan für sein Leben hatte, und bat mich, geduldig zu glauben. Und so stellte ich mich im Glauben an ihre Seite.

Diese Mutter brachte mir Vertrauen entgegen und ließ mich wissen, dass sie für mich betete! Sie gehörte zu der *Moms in Prayer*-Gruppe, die für unsere Schule, meine Klasse und ihren Sohn betete. Mein Herz wurde noch empfänglicher für dieses Kind. Ich stellte mir vor, wie diese Mutter in den frühen Morgenstunden am Bett ihres Kindes stand und darum betete, dass alles so werden würde, wie Gott es wünschte, und dass Gott das gute Werk, das er in ihm begonnen hatte, treu vollenden würde bis zu dem Tag, an dem Christus Jesus wiederkommen wird (Philipper 1,6). Jeden Morgen vor dem Unterricht stellte ich mich dann vor seinen Stuhl und betete für ihn. „Gott, hilf ihm, heute inneren Frieden zu bewahren. Hilf ihm, folgsam zu sein. Hilf ihm, Freundschaften zu finden. Gib mir Weisheit, ihn zu erreichen."

Wissen Sie noch, wie ich dachte, ich sei bereit für diesen Schüler, der in diesem Jahr in meine Klasse kam? Ich hatte keine Ahnung, was Gott durch diese betende Mutter in mir tun würde. Wenn ich auf dieses Jahr zurückblicke, erinnere ich mich an den Einfluss, den sie auf mich hatte. Sie hätte mein Verhalten in Frage stellen können. Sie hätte mich kritisieren können. Sie hätte sich unkooperativ verhalten können. Doch stattdessen entschied sie sich, mit Liebe und Glauben zu handeln. Sie betete für mich. Genau wie Jesus.

Ob die Lehrer und Lehrerinnen Ihres Kindes gläubig sind oder nicht, als Mutter können Sie immer gewiss sein, dass Gott durch Ihre treuen Gebete wirkt und dass auch der große Fürsprecher, Jesus, beim Vater für Ihr Kind eintreten wird (Römer 8,34). Sie und Jesus, was für ein Team! „Hab keine Angst und verliere nicht den Mut, denn der Herr selbst wird vor dir hergehen. Er wird bei dir sein. Er wird sich nicht von dir zurückziehen und dich nicht im Stich lassen!" (5. Mose 31,8).

Gehen Sie mit Liebe, tiefem Glauben und ehrlicher Demut Ihren Weg, und der Herr wird auf eine Weise wirken, die Sie sich nie vorgestellt hätten.

Sie können immer gewiss sein, dass der große Fürsprecher, Jesus, beim Vater für Ihr Kind eintreten wird.

Haben Sie als Eltern mit Sorge zu kämpfen, weil Ihr Kind einen schwierigen Lehrer oder Trainer oder sonstigen Erwachsenen in seinem Leben hat? Fangen Sie an zu beten! Und beten Sie nicht nur für Ihr Kind, dass es wächst, sich entwickelt und die Herausforderung bewältigt, sondern beten Sie auch für die schwierigen Erwachsenen. Beten Sie, dass sie zu einer echten Beziehung zu Jesus Christus kommen. Beten Sie, dass sie „Ohren haben, die hören, und Augen, die sehen", und dass Gott ihnen Einsicht, Weisheit und eine ansteckende Freude schenkt. Beten Sie, dass Gott ihnen Klarheit und Frieden schenkt für alles, was in ihrem Privatleben passiert und Auslöser für den Stress sein könnte, der sich im Klassenzimmer entlädt. Beten Sie und schauen Sie dann, wie Gott nicht nur auf den schwierigen Lehrer oder Trainer, sondern auch auf die Klasse oder das Team einwirkt.

Bibelgebete für Lehrkräfte und andere Schulangestellte

Gib ___________________ Weisheit und Erkenntnis, damit sie/er gute Entscheidungen trifft und stark und mutig ist, dein Volk zu leiten.

NACH 2. CHRONIK 1,10
UND JOSUA 1,6

Herr, befähige ___________________,
den Faulen ins Gewissen zu reden und den Ängstlichen Mut zu machen. Befähige ___________________, behutsam mit den Schwachen umzugehen und Geduld zu haben.

NACH 1. THESSALONICHER 5,14

Hilf ___________________, andere zu ermahnen, zu tadeln und zu ermutigen – in großer Geduld und in guter Lehre.

NACH 2. TIMOTHEUS 4,2-3

Herr, ___________________ soll dafür bekannt sein: Für Einsicht und für Erkenntnis. Für Klugheit und für einen weisen Verstand. Für überzeugende und freundliche Worte.

NACH SPRÜCHE 16,21-24

Hilf ____________________, den Weisen zu lehren, damit er noch weiser wird. Befähige ____________________, den Gerechten zu unterweisen, damit er noch dazulernt.

nach Sprüche 9,9

Lass ____________________ hingegeben sein im Gebet und nicht aufhören, Gott zu danken.

nach Kolosser 4,2

Herr, was immer ____________________ auch tut, lass es mit Eifer und Freude sein, als würde sie/er Gott dienen und nicht den Menschen.

nach Kolosser 3,23

Gib ____________________ Kraft, das Gute zu tun und dabei nicht müde zu werden, denn dann wird sie/er auch den entsprechenden Segen ernten.

nach Galater 6,9

Herr, ich bete, dass ____________________ dir vertraut und Gutes tut, dann wird sie/er sicher im Lande leben und es wird ihr/ihm gut gehen.

nach Psalm 37,3

Herr, ____________________ wird ihre/seine Hoffnung auf dich setzen und aufrichtig und ehrlich leben.

nach Psalm 25,21

Herr, gib ___________________ Freude, deinen Willen zu tun, weil dein Gesetz tief in ihr/sein Herz geschrieben ist.

NACH PSALM 40,9

___________________ soll nicht auf den Rat der Gottlosen hören und sich mit Spöttern abgeben.

NACH PSALM 1,1

Lass ___________________ nicht zu Fall kommen, schenke ihr/ihm großen Frieden, weil sie/er dein Gesetz liebt.

NACH PSALM 119,165

Ich bete, dass Christus durch den Glauben immer mehr in euren Herzen wohnt und ihr in der Liebe Gottes fest verwurzelt und gegründet seid.

So könnt ihr mit allen Gläubigen ihr ganzes Ausmaß erfassen, die Breite, Länge, Höhe und Tiefe. Und ihr könnt auch die Liebe erkennen, die Christus zu uns hat; eine Liebe, die größer ist, als ihr je begreifen werdet. Dadurch wird euch der Reichtum Gottes immer mehr erfüllen.

EPHESER 3,16-19

Teil III

Gebet als Vermächtnis weitergeben

15

Dafür beten, dass diese Generation andere Menschen für Christus gewinnt

Wir wollen diese Wahrheiten unseren Kindern nicht vorenthalten, sondern der nächsten Generation von den wunderbaren Taten des Herrn erzählen, von seiner Macht und den großen Wundern, die er vollbrachte. Denn er teilte Jakob seine Gebote mit, er gab Israel sein Gesetz und gebot unseren Vorfahren, ihre Kinder dieses Gesetz zu lehren, damit auch die nächste Generation es kenne - die Kinder, die erst noch geboren werden - und es auch an ihre Kinder weitergebe. Sie alle sollen ihre Hoffnung von Neuem auf Gott setzen, seine herrlichen Wunder nicht vergessen und seine Gebote befolgen.

PSALM 78,4-7

Ich (Sally) habe gute Neuigkeit für Sie, die Ihnen Hoffnung geben wird! Bei meinen Reisen in aller Welt kann ich sehen, dass Gott eine starke Generation heranwachsen lässt – eine Generation wie keine andere. Gott erhört und beantwortet unsere Fürbitten für diese neue Generation.

Liebe Freunde, Gott machte keinen Fehler, als er Ihre Kinder auswählte, in dieser Zeit geboren zu werden. Er hat sie gerade im Hier und Jetzt dazu gesetzt, mit ihren Talenten und Voraussetzungen und mit ihrer Lebensweise diese Welt für Christus zu beeinflussen. Er möchte in seiner Macht durch sie wirken. Deshalb müssen wir für sie beten! Der Feind würde diese Generation gerne zerstören oder zumindest entmutigen. Satan will „eine störrische und trotzige Generation, eine Generation, die nicht festen

Sinnes [ist] und deren Geist nicht treu zu Gott [hält]“ (Psalm 78,8; ZB). Und doch sagt Gott uns in 1. Korinther 2,9: „Kein Auge hat je gesehen, kein Ohr je gehört und kein Verstand je erdacht, was Gott für diejenigen bereithält, die ihn lieben.“

Gott machte keinen Fehler, als er Ihre Kinder auswählte, in dieser Zeit geboren zu werden. Sie werden mit ihrer Lebensweise diese Welt für Christus beeinflussen.

Was Gott hier auf der Erde tun will, wird er durch Fürbitter tun – durch Christen, die im Gebet für diese Generation eintreten. Wenn Gott unsere sündige Welt verändern will, sucht er Fürbitter, denen er seine Absichten anvertrauen kann. Er hat die Macht, die stärkste Generation heranzuziehen, die die Welt je gesehen hat.

Gott wirkt durch diese Generation

Vielleicht haben Sie in unserem Buch *Unerschütterlich*[4] die Geschichte über die High School meiner jüngsten Tochter gelesen; wir beteten dafür, dass unsere Kinder aufstehen und andere für Christus gewinnen. Wir beteten mit Psalm 78,6-7 und mit vielen anderen Bibelstellen. Aubrie und ihre Freundinnen starteten eine Bibelstudiengruppe, die sie auf den Abend legten, damit auch andere teilnehmen konnten, und sie beteten wie ihre Mütter um eine Erweckung und ein geistliches Erwachen auf ihrem Campus.

4 Unerschütterlich (Sally Burke, Cyndie Claypool de Neve); erschienen im cap-Verlag; Bestell-Nr.: 52 50465; ISBN 978-3-86773-305-2

Und Gott handelte. 91 junge Menschen gaben ihr Leben Jesus, und einige andere weihten ihm ihr Leben wieder neu! Im Laufe des Schuljahres kamen weitere junge Menschen zu Jesus. Kürzlich erfuhr meine Tochter, dass dieses von Studenten geleitete Bibelstudium nach so vielen Jahren immer noch stattfindet.

Meine Tochter begann, in ihrer Gemeinde bei einem Projekt für High School-Schüler mitzuarbeiten. Sie fing an, das Team einer Bibelstudiengruppe anzuleiten, mit der Bibel für ihre Mitschüler zu beten. Die Gruppe wuchs von 50 auf 120 Mitglieder an. Im Lauf des Schuljahres wurden 50 dieser Schüler und Schülerinnen getauft und bezeugten damit der Welt, dass sie Christus nachfolgen. Als der Pastor das sah, bat er meine Tochter, Gebetsleiterin für die ganze Gemeinde zu werden. Beten Sie weiter für diese Generation! Gott ist dabei, mächtig in ihr zu wirken.

Megan Callendar, deren Eltern selbst Gebetskämpfer sind, schreibt:

> Die Gebete meiner Mutter werden mir zum Auftrag, und das Gebet ist der Ort, an dem das geschieht! Weil sie meinen Namen immer wieder vor Gott brachte, hat er meinem Leben eine Richtung gegeben. Seine Gunst begleitete mich an jedem Ort, den ich aufsuchte, und er gab mir große, kostbare Verheißungen, an denen ich in herausfordernden Zeiten festhalten kann. Die Gebete meiner Mutter haben mein Leben verändert; sie vermittelten mir eine tiefe Liebe zu Jesus, ein Herz, das sich seinem Willen unterwirft, und ein inneres Bedürfnis, meinen Glauben mit Menschen zu teilen, die noch verloren sind.

Nick Hall, Gründer von PULSE und eine evangelistische Stimme für die nächste Generation, wurde von seiner Mutter im Gebet begleitet, die mit der Heiligen Schrift für ihn betete. Während des Studiums begeisterte er viele auf seinem Campus für Christus. Bis heute ist er an verschiedenen Hochschulen aktiv: Manchmal bringt er über 60.000 Studierende zusammen, um gemeinsam Gott anzubeten, und erlebt, wie Tausende von ihnen zu Christus kommen.

Was wird Gott tun, wenn wir mit der Bibel für diese Generation beten? Was wird geschehen, wenn wir diese Kinder und jungen Erwachsenen im Gebet dazu bringen, die nächste Generation für Christus zu gewinnen? Erstaunliche Dinge werden geschehen, wie nur Gott sie planen und verwirklichen kann. Was geschah mit der Generation nach Mose – den Nachkommen derer, die sich aus Angst geweigert hatten, in das verheißene Land einzuziehen und lieber in der trostlosen Wüste geblieben waren? Gott beauftragte Josua dazu, diese neue Generation in das verheißene Land zu führen. Diese Generation der Israeliten siegte und machte das Land, in dem sie lebten, zu einem Ort, an dem Menschen Gott ehrten und ihm gehorchten. Wenn wir mit der Bibel für unsere heutige Generation beten, wird auch sie den Sieg erringen. Lassen Sie uns für die Menschen dieser Generation beten, dass sie gemeinsam aufstehen, um ihre Städte, Nationen und die Welt mit der Liebe Christi zu erfüllen.

Bibelgebete für die nächste Generation

Herr, wir rufen zu dir, wegen unserer Kinder, Teenies und Jugendlichen: Sie sollen erkennen, dass du Gott bist, der wahre Gott. Du bist der treue Gott, der über 1000 Generationen hinweg zu seinem Bund steht mit denen, die ihn lieben und seinen Geboten nachkommen.

nach 5. Mose 7,9

Herr, deine Pläne werden für immer gelten, und was du beabsichtigst, steht für immer fest.

nach Psalm 33,11

Herr, wir rufen zu dir und bitten, dass die junge Generation dir zujubelt. Dass sie dich voller Freude anbetet, zu dir kommt und dich mit Liedern anbetet! Wir beten, dass sie erkennen, dass der Herr Gott ist, er sie erschaffen hat und sie ihm gehören. Wir alle sind sein Volk, die Schafe seiner Weide.

Wir beten, dass sie durch die Tempeltore mit Dank eintreten und in deine Vorhöfe mit Lobgesang. Sie sollen dir danken und deinen Namen loben! Denn der Herr ist gut. Seine Gnade hört niemals auf und seine Treue gilt für immer.

nach Psalm 100

Da wir von so vielen Zeugen umgeben sind, die ein Leben durch den Glauben geführt haben, beten wir, dass die nächste Generation jede Last ablegt, die sie behindert, besonders die Sünde, in die wir uns alle so leicht verstricken. Wir beten, dass die nächste Generation den Wettlauf bis zum Ende durchhält, für den sie bestimmt sind. Sie sollen das tun, indem sie ihre Augen auf Jesus gerichtet halten, von dem unser aller Glaube vom Anfang bis zum Ende abhängt. Er war bereit, den Tod der Schande am Kreuz zu sterben, weil er wusste, welche Freude ihn danach erwartete. Nun sitzt er an der rechten Seite von Gottes Thron im Himmel! Möge die nächste Generation an alles denken, was er durch die Menschen, die ihn anfeindeten, ertragen hat, damit sie nicht müde werden und nicht aufgeben.

nach Hebräer 12,1-3

Herr, sei dieser Generation gnädig! Erbarme dich über sie! Sie sollen bei dir Schutz suchen und unter den Schatten deiner Flügel sollen sie sich flüchten, bis das Unglück vorüber ist.

nach Psalm 57,2-3

Bibelgebete für einzelne Personen dieser nächsten Generation

Stärke ____________________, damit sie/er sich nicht am Verhalten und an den Gewohnheiten dieser Welt orientiert, sondern dass sie/er sich durch die Veränderung der Denkweise in einen neuen Menschen verwandelt. ____________________ soll wissen, was Gott von ihr/ihm will: Das, was gut ist und Gott freut und seinem Willen vollkommen entspricht.

NACH RÖMER 12,2

Wir beten, dass ____________________ erkennt, dass du der einzige Herr bist. Möge ____________________ dich lieben von ganzem Herzen, von ganzer Seele und mit ganzer Kraft. Möge ____________________ deine Gebote bewahren in ihrem/seinem Herzen und auch ihren/seinen Kindern weitergeben.

NACH 5. MOSE 6,4-7

Herr, hilf ____________________, ein reines, vorbildliches Leben zu führen in einer dunklen Welt voller verdorbener und verirrter Menschen, unter denen ihr/sein Leben leuchten soll wie ein helles Licht.

NACH PHILIPPER 2,15

Erfülle ___________________ mit dem Heiligen Geist und mit Kraft aus der Höhe.

NACH LUKAS 24,49

Möge ___________________ Kraft empfangen, wenn der Heilige Geist auf sie/ihn kommt. Damit sie/er ein Zeugnis ist in Jerusalem, in ganz Judäa, in Samarien, ja bis an die Enden der Erde.

NACH APOSTELGESCHICHTE 1,8

Ich bin der Weinstock; ihr seid die Reben.

Wer in mir bleibt und ich in ihm, wird viel Frucht bringen. Denn getrennt von mir könnt ihr nichts tun.

Wer nicht in mir bleibt, wird fortgeworfen wie eine nutzlose Rebe und verdorrt. Solche Reben werden auf einen Haufen geworfen und verbrannt.

Doch wenn ihr mit mir verbunden bleibt und meine Worte in euch bleiben, könnt ihr bitten, um was ihr wollt, und es wird euch gewährt werden!

Darin wird mein Vater verherrlicht, dass ihr viel Frucht hervorbringt und meine Jünger werdet.

JOHANNES 15,5-8

16

Kinder beten lehren

Jede Generation soll ihren Kindern von deinen Werken erzählen, von den mächtigen Taten werden sie verkünden und von den wunderbaren Zeichen, die du vollbracht hast.

Psalm 145,4-5

Als meine (Cyndies) Kinder noch klein waren, hatte ich die Gelegenheit, an freien Sommertagen morgens mit ihnen nach den Vier Schritten zu beten. Ich las ihnen einen Vers mit einer Eigenschaft Gottes vor, für die wir Gott nacheinander lobten. Dann saßen wir einfach still da und ließen Gott zu unseren Herzen sprechen, um zu erfahren, welche Sünden wir ihm bekennen sollten. Danach unterbrachen wir den Ablauf, und ich schrieb auf, was jedes Kind von Gott gehört zu haben glaubte. Es war eine einfache, aber sehr wirksame Hilfe für sie, auf die leise Stimme des Heiligen Geistes zu hören. Danach dankten wir Gott für Gebetserhörungen und jeden Segen, den wir empfangen hatten. Zum Schluss brachten wir unsere Anliegen vor Gott.

Wenn ich in der dritten und vierten Klasse der Sonntagsschule unterrichtete, fügte ich oft den einen oder anderen Gebetsschritt ein. Dabei zeigte sich, dass viele Kinder sich scheuten, laut zu beten. Um ihnen den Einstieg in das gemeinsame Gebet zu erleichtern, ermutigte ich sie, mit Bibelstellen zu beten. Ich gab ihnen einen Papierstreifen mit einem ausgedruckten Gebet aus der Bibel, in das sie ihren Namen oder den Namen eines Freundes oder Verwandten eintragen konnten. Wir teilten uns in kleinere Gruppen auf (die manchmal gar nicht so klein waren) und beteten abwechselnd mit der jeweiligen Bibelstelle. Alle, die es wollten, führten ihr Gebet mit eigenen Worten weiter aus. Kinder, die etwas unsicherer waren, lasen das Gebet einfach vor. Diese Methode ist eine hervorragende Hilfe, damit Kinder ihre Scheu verlieren, laut zu beten!

Einmal im Jahr, wenn wir als große Gruppe von etwa 40 bis 50 Personen zusammenkamen, erzählte ich von der Erhörung eines ganz bestimmten Gebetsanliegens meiner Tochter, um zu verdeutlichen, dass Gott für alles sorgt, was wir brauchen, aber immer zu seiner vollkommenen Zeit. Als Zoe in der fünften Klasse war, bettelte sie immer wieder darum, einen Hund zu bekommen, mit dem sie im Bett kuscheln konnte. Sie betete für den Hund. Sie schrieb sogar an den Weihnachtsmann und bat ihn um einen Hund zu Weihnachten. Ich habe den Brief immer noch; sie wünschte sich einen knuddeligen Dackel, der sich im Bett an sie schmiegen würde. Wir schauten gelegentlich bei unserem Tierschutzverein vorbei, aber die Hunde, die sie mochte, hatten meist Schilder mit der Aufschrift „Nicht für Kinder geeignet".

Gottes perfektes Timing fiel ein Jahr später in die Thanksgiving-Woche. Zoe hatte ein Jahr lang schlimme gesundheitliche Probleme gehabt; besonders leidig war ein CRPS-Syndrom, das einen schillernden Bluterguss an ihrem Knöchel verursachte und einfach nicht heilen wollte, sondern immer wieder Schmerzen auslöste. Zu Beginn der fünften Klasse war sie noch äußerst aktiv gewesen, doch erschreckenderweise war es schon in der sechsten Klasse so weit, dass sie um einen Rollstuhl bat. Der Rheumatologe erklärte, dass von ihrem Gehirn kein Signal ausging, dass der Knöchel heilte. Es schrie vielmehr: „Das ist der schlimmste Schmerz, den du je hattest!" Sowohl der Rheumatologe als auch die Physiotherapeutin ermutigten sie, den Fuß zu belasten, damit die Muskeln nicht verkümmerten, obwohl es sich so anfühlte, als wäre es besser, den Fuß zu schonen. Sie begann eine Wassertherapie in einem warmen Pool, aber für längere Strecken war es immer noch zu schmerzhaft. Das heißt, bis wir Red fanden. Er war genau der Hund, um den sie vor einem Jahr gebetet hatte. Einen Tag, nachdem wir ihn nach Hause gebracht hatten, wollte Zoe die Erste sein, die mit Red Gassi ging, und so lief sie durch unsere Nachbarschaft. Für mich war das ein echtes Wunder – und alles nur, weil wir auf Gottes Zeit gewartet hatten.

Psalm 77,2-15

Ich rufe zu Gott und schreie zu ihm. Ich rufe zu Gott, damit er mich doch endlich hört!
Als ich in großer Not war, suchte ich den Herrn. Die ganze Nacht habe ich gebetet und die Hände bittend zum Himmel erhoben. Für mich gibt es keine Freude mehr, solange Gott nicht eingreift.
Denke ich an Gott, dann stöhne ich. Denke ich nach, dann werde ich mutlos.
Du lässt mich nicht schlafen, nicht einmal beten kann ich mehr vor Kummer!
Ich denke an die früheren Zeiten, an längst vergangene Jahre, als ich beim nächtlichen Harfenspiel fröhlich war. Ich grüble und denke nach.
Hat denn der Herr mich für immer verstoßen? Wird er sich nie mehr über mich erbarmen?
Habe ich seine Gnade für immer verloren? Gelten seine Zusagen nicht mehr?
Hat Gott vergessen, gütig zu sein? Warum verweigert er uns im Zorn sein Erbarmen?
Und ich sagte: „Es schmerzt mich, dass sich Gottes Zuwendung in Hass verwandelt hat."
Herr, ich erinnere mich an alles, was du getan hast, an alle Wunder, die du einst vollbracht hast.
Ständig stehen mir deine Taten vor Augen, immer wieder muss ich an sie denken.
Gott, deine Wege sind heilig. Gibt es einen Gott, dessen Macht der deinen gleichkommt?
Du bist der Gott der Zeichen und Wunder! Du hast den Völkern deine Macht gezeigt.

Mehrere Psalmen ermutigen uns immer wieder, uns zu „erinnern“. Warum? Weil wir so leicht vergessen. Wenn ein Gebet erhört wird, sagen Sie es Ihren Kindern. Wenn Sie Gott wirken sehen, sagen Sie es Ihren Kindern. Und wenn Sie sich an Gebetserhörungen erinnern – oder diese im Verlauf Ihrer sozialen Medien wieder auftauchen –, erinnern Sie Ihre Kinder an Gottes Treue und die Art und Weise, wie er Ihre Gebete beantwortet hat.

Eine weitere gute Möglichkeit, Ihre Kinder ins Gebet einzubeziehen, besteht darin, bei entsprechenden Alltagssituationen sofort laut zu beten. Sie fahren gerade an einem Unfall vorbei? Beten Sie! Sie sehen einen entlaufenen Hund, können aber nicht anhalten, um zu helfen? Beten Sie, dass er nach Hause findet. Ihr Kind hat ein Anliegen? Halten Sie inne, um dafür zu beten. Lassen Sie Ihre Kinder mitbekommen, wie Sie mit anderen beten, um Christus in die jeweilige Situation einzuladen und ihn zu bitten, nach seinen vollkommenen Plänen und Absichten zu antworten. Und vergessen Sie nicht, sich über die Gebetserhörungen zu freuen.

Wenn ein Gebet erhört wird, sagen Sie es Ihren Kindern. Wenn Sie Gott wirken sehen, sagen Sie es Ihren Kindern. Erinnern Sie Ihre Kinder an Gottes Treue und die Art und Weise, wie er Ihre Gebete beantwortet hat.

Nichts fördert den Glauben eines Kindes so sehr wie die Erfahrung, dass der lebendige Christus unsere Gebetsanliegen auf ganz konkrete Weise erhört – vor allem, wenn Ihr Kind persönlich dafür gebetet hat.

Kindern helfen, diese Welt für Christus auf den Kopf zu stellen

Die Jünger machten sich auf, diese Welt für Christus auf den Kopf zu stellen! Und was sie dazu brauchten, war das Gebet. Auch unsere Kinder können die Welt für Christus umkrempeln, und auch sie brauchen dazu ein Gebetsleben. Die Jünger wandten sich an die richtige Quelle: Jesus selbst.

Lukas 11,1-4

> Einmal hatte Jesus Halt gemacht, um zu beten. Als er aufgehört hatte zu beten, kam einer seiner Jünger zu ihm und bat: „Herr, lehre uns beten, so wie Johannes es seine Jünger gelehrt hat."
>
> Jesus antwortete: „Wenn ihr betet, dann sprecht: ‚Vater, dein Name werde geehrt. Dein Reich komme bald. Gib uns jeden Tag die Nahrung, die wir brauchen. Und vergib uns unsere Schuld – so wie auch wir denen vergeben, die an uns schuldig geworden sind. Und lass nicht zu, dass wir der Versuchung nachgeben.'"

Jesus hat seine Jünger nicht nur beten gelehrt, sondern es ihnen auch vorgelebt. In dem Bibelabschnitt vor Lukas 11 ist von Maria und Martha die Rede. Martha war sehr damit beschäftigt, dem Herrn und anderen zu dienen. Können Sie sich in dieser Geschichte wiedererkennen?

Lukas 10,38-42

> Auf ihrem Weg nach Jerusalem kamen Jesus und die Jünger auch in ein Dorf, in dem eine Frau mit Namen Marta sie in ihr Haus einlud. Ihre Schwester Maria saß Jesus zu Füßen und hörte ihm aufmerksam zu. Marta dagegen mühte sich mit der Bewirtung der Gäste. Sie kam zu Jesus und sagte: „Herr, ist es nicht ungerecht, dass meine Schwester hier sitzt, während ich die ganze Arbeit tue? Sag ihr, sie soll kommen und mir helfen."
>
> Doch der Herr sagte zu ihr: „Meine liebe Marta, du sorgst dich um so viele Kleinigkeiten! Im Grunde ist doch nur eines wirklich wichtig. Maria hat erkannt, was das ist - und ich werde es ihr nicht nehmen."

Wir können so damit beschäftigt sein, unserer Familie zu dienen, dass wir darüber vergessen, unser Gebetsleben zu pflegen! In der Geschichte sehen wir, dass die Zeit, die Maria zu den Füßen Jesu saß, ihr nicht genommen wurde. Wann immer Sie sich Zeit nehmen, mit dem Wort Gottes zu den Füßen Jesu zu sitzen und zu beten, werden Sie in sein Ebenbild verwandelt werden! Das Gebet bewirkt etwas für die Ewigkeit. Ich (Sally) habe gelernt, beim Wäschefalten oder beim Geschirrspülen zu beten. Und wenn ich morgens zuerst Zeit mit Jesus verbringe, weiß meine Familie, dass ich dabei nicht gestört werden möchte. Manchmal muss ich mir diese Zeit hart erkämpfen, aber es lohnt sich für die Ewigkeit.

Wenn Jesus betete, erfüllte Gott ihn mit Kraft, Frieden, Freude und allem, was er brauchte, um Gottes Werk zu tun. Durch die verwandelnde Kraft des Gebets konnte Jesus alles ertragen, was vor ihm lag. Jesus war sehr beschäftigt, doch er führte ein

Leben des Gebets, und seine Jünger sahen die Auswirkungen. Ich kann nur ahnen, was sie im Gesicht Jesu sahen, wenn er von seiner Gebetszeit zurückkam, denn daraufhin baten die Jünger ihn, sie beten zu lehren. Und das tat er! Zuerst lebte er selbst im Gebet und lehrte es dann seine Jünger.

Ich glaube, wir hören nie auf, beten zu lernen. In Römer 8,26-27 steht:

> Der Heilige Geist hilft uns in unserer Schwäche. Denn wir wissen ja nicht einmal, worum oder wie wir beten sollen. Doch der Heilige Geist betet für uns mit einem Seufzen, das sich nicht in Worte fassen lässt. Und der Vater, der alle Herzen kennt, weiß, was der Geist sagt, denn der Geist bittet für die, die zu Gott gehören, wie es dem Willen Gottes entspricht.

Der Heilige Geist in uns ist unser Lehrer. Und wir werden im Bereich des Gebets immer weiter wachsen, indem wir es praktizieren. Jesus gab den Jüngern eine sehr einfache Anleitung zum Beten. Im ersten Teil dieses Buches und in unserem Buch *Unerschütterlich*[5] finden Sie dieselben vier Gebetsprinzipien, die der Herr lehrte. Die vier einfachen, aber wirksamen Schritte, die wir lehren, sind Anbetung, Bekenntnis, Dank und Fürbitte. Jeder dieser Schritte ist lebensverändernd und richtet uns immer wieder neu auf Gott aus.

---

5 Unerschütterlich (Sally Burke, Cyndie Claypool de Neve); erschienen im cap-Verlag; Bestell-Nr.: 52 50465; ISBN 978-3-86773-305-2

Kinder lehren, für andere zum Herrn zu beten

Als unsere vier Kinder klein waren, kamen sie, wenn ich (Sally) meine tägliche Zeit mit Gott hatte, in mein Zimmer, setzten sich auf mein Bett und beteten mit mir. Das jüngste war damals ein Jahr alt, das älteste elf. Wir lasen eine Bibelstelle, manchmal auch eine Andacht und gingen dann die vier Gebetsschritte durch. Zur Fürbitte hatten wir Listen von Personen erstellt, für die wir jede Woche beten wollten. Wir beteten zum Beispiel für Lehrer, Verwandte oder Geschwister und benutzten dazu Gottes Wort. Meine Kids waren eine kleine Gebetsarmee. Für alle, die Christus nicht kannten, beteten wir mit Bibelstellen wie Epheser 1,13: „Durch Christus habt auch ihr nun die Wahrheit gehört, die gute Botschaft, dass Gott euch rettet. Ihr habt an Christus geglaubt, und er hat euch mit dem Siegel seines Heiligen Geistes, den er vor langer Zeit zugesagt hat, als sein Eigentum bestätigt." Es gab Zeiten, in denen sie für einen Verwandten beteten, der weit von Gott weg war, oder für einen Klassenkameraden, der in einem Elternhaus ohne Christus aufwuchs. Sie beteten mit großer Zuversicht, dass Gott sie erhören würde – und das tat er immer und immer wieder.

Möge ________________ im Heiligen
Geist versiegelt sein, weil sie/er die Botschaft
der Wahrheit gehört hat: Das ist die gute
Botschaft, dass Gott uns rettet. Möge
________________ immer wieder diese
Wahrheit hören und ihr glauben, damit sie/er
als Gottes Eigentum bestätigt ist.

NACH EPHESER 1,13

Für ihre Freundin aus der zweiten Klasse, deren Eltern Buddhisten waren, betete meine Jüngste jede Woche, dass sie nach der Schule mit ihr in den *Good News Club* gehen würde. Das ganze Jahr hindurch antwortete ihre Freundin, dass sie nicht mitkommen könne. Ich war kurz davor, aufzugeben, meine Tochter aber nicht. Und tatsächlich kam ihre Freundin in der letzten Woche endlich mit! Als ich das kleine Mädchen anschließend zuhause absetzte, begrüßte ihre Mutter mich herzlich, dankte mir und stellte mir viele Fragen über unseren Glauben – und das alles, weil meine Tochter, ihre Geschwister und ich gebetet hatten. Viele Jahre später erleben wir immer noch, wie Mitschüler, für die wir gebetet haben, Jesus kennen lernen. Und durch die vielen Antworten auf unsere Gebete ist unser Glaube gewachsen.

Als mein Ältester in der High School war, nahm er nicht mehr an unserer gemeinsamen Zeit teil, weil er sich jeden Morgen mit Freunden am Fahnenmast der High School traf, um für die Errettung der Schüler und Lehrer zu beten. Zwei meiner Kinder gehören heute zu den Gebetsteams ihrer Gemeinden und verwenden dieselben Gebetsschritte, die sie als Kind gelernt haben.

Kinder haben einen erstaunlichen Glauben. Es gibt vieles, das wir ihnen über das Gebet beibringen können, und es gibt auch vieles, das sie uns durch ihr Vertrauen auf Gott und ihre Treue beibringen können. Verpassen Sie nicht die Chance, Gottes Wunder und seine Weisheit durch den unschuldigen und unerschütterlichen Glauben eines Kindes zu entdecken.

Bibelgebete, um Kinder beten zu lehren

Herr, hilf mir, mein Kind zu lehren, den richtigen Weg zu wählen, und wenn es älter ist, auf diesem Weg zu bleiben.

NACH SPRÜCHE 22,6

Herr, durch die mächtige Kraft, die in uns wirkt, kann du unendlich viel mehr tun, als wir je bitten oder auch nur hoffen würden. Dir gehört alle Ehre in der Gemeinde und durch Christus Jesus für alle Zeit und Ewigkeit. Amen.

NACH EPHESER 3,20-21

Hilf meinen Kindern, dass sie es wissen und glauben: Wenn ich zu dir bete, erhörst du mich, du machst mir Mut und gibst mir Kraft.

NACH PSALM 138,3

O Herr, das soll der Herzensschrei meiner Kinder sein: „Ich bete zu dir, denn ich weiß, dass du mich erhören wirst. Neige dich zu mir herab und höre mein Gebet. Zeige mir auf wunderbare Weise deine Gnade. Du rettest mit deiner Kraft die Menschen, die bei dir Schutz vor den Feinden suchen. Behüte mich wie einen Augapfel und gib mir Zuflucht unter dem Schatten deiner Flügel."

PSALM 17,6-8

Herr, stärke meine Kinder, dass sie nicht auf den Rat der Gottlosen hören, dass sie sich am Leben der Sünder kein Beispiel nehmen und sich nicht mit Spöttern abgeben.

Ich bete, dass sie mit Freuden deinen Willen tun und über dein Wort nachdenken Tag und Nacht.

Dann werden sie sein wie Bäume gepflanzt am Flussufer, die Jahr für Jahr reiche Früchte tragen. Ihre Blätter werden nicht welken, und alles, was sie tun, wird ihnen gelingen.

nach Psalm 1,1-3

Erinnere mich daran, meinen Kindern von deinen Werken zu erzählen, von deinen mächtigen Taten, von deinen wunderbaren Zeichen, die du vollbracht hast.

Ich will deine Größe verkünden, dein Tun soll in aller Munde sein. Ich möchte Nachricht geben von deiner wunderbaren Güte und möchte jubeln vor Freude über deine Gerechtigkeit.

nach Psalm 145,4-7

Herr hilf mir und meiner Familie, deine Gebote in unserem Herzen zu bewahren. Hilf mir, sie meinen Kinder einzuprägen.

Erinnere mich daran, immer wieder über deine Weisungen zu sprechen, zuhause oder wenn wir unterwegs sind, wenn wir uns zum Schlaf legen oder wenn wir aufstehen.

NACH 5. MOSE 6,6-7

Groß ist der Herr und sehr zu loben! Seine Größe ist unerforschlich!
Jede Generation soll ihren Kindern von deinen Werken erzählen, von den mächtigen Taten werden sie verkünden und von den wunderbaren Zeichen, die du vollbracht hast.
Deine gewaltigen Taten werden in aller Munde sein, und ich will deine Größe verkünden.
Alle werden die Nachricht von deiner wunderbaren Güte hören und werden jubeln vor Freude über deine Gerechtigkeit.
Der Herr ist gnädig und barmherzig, geduldig und voller Gnade.
Der Herr ist gut zu allen Menschen und barmherzig zu seiner ganzen Schöpfung.
Alle deine Geschöpfe werden dir danken, Herr, und alle, die dir treu sind, werden dich loben.
Sie werden von der Herrlichkeit deines Königreiches sprechen, sie werden von deiner Macht erzählen.

Sie werden deine mächtigen Taten und die Größe und Herrlichkeit deines Reiches verkünden.
Denn dein Reich bleibt ewig und deine Herrschaft besteht von Generation zu Generation.
Der Herr ist treu in allem, was er sagt, er ist gnädig in allem, was er tut.

Psalm 145,3-13

17

Die Kraft des gemeinsamen Gebets

Und ich sage euch: Wenn zwei von euch hier auf der Erde darin eins werden, eine Bitte an Gott zu richten, dann wird mein Vater im Himmel diese Bitte erfüllen. Denn wo zwei oder drei zusammenkommen, die zu mir gehören, bin ich mitten unter ihnen.

MATTHÄUS 18,19-20

Es gab Zeiten, in denen die Sorge um mein Kind so sehr auf mir (Sally) lastete, dass ich im Gebet nur flüstern konnte, wenn ich zu unserem Gebetstreffen von *Moms in Prayer* kam. Haben Sie das auch erlebt? Die Last ist so schwer, dass man die Arme nicht zum Gebet erheben kann. Ich hoffe, das Folgende wird Sie ermutigen.

Mose hatte den Auftrag, das Volk Israel in das verheißene Land zu führen, damit die Israeliten Gott dort anbeten konnten. Ob Sie nun ein Kind oder mehrere Kinder als Mutter zu versorgen, zu leiten und zu erziehen haben – die Mutterrolle kann manchmal sehr schwer sein. Stellen Sie sich nun vor, dass Mose mehr als eine Million Menschen dazu bringen musste, dem Herrn zu folgen. Gott versprach, dass er Mose – und uns – nie verlassen würde und dass seine Gegenwart Mose begleiten würde. In 2. Mose 33,14-15 lesen wir, dass Gott zu ihm sagte: „Ich selbst werde mit dir gehen, Mose. Ich will dir Ruhe verschaffen." Und Mose antwortete: „Wenn du nicht selbst mit uns gehst, dann führe uns nicht von hier weg." Und doch sehen wir, dass Moses Arme ermüdeten, als er anhaltend für die Israeliten betete, während sie kämpften.

Jeden Tag befinden sich unsere Kinder in einem Kampf. Wie können wir ihnen helfen, erfolgreich zu sein und das verheißene Land zu erreichen? Lesen Sie 2. Mose 17. Die Israeliten wurden ausgesandt, gegen ihre Feinde zu kämpfen. Mose bezog Stellung auf der Spitze eines Hügels, um von dort aus für sie zu beten. Er erhob seine Hände zum Herrn. Solange seine Hände zum Herrn erhoben waren, siegten die Israeliten. Doch sobald er vor Erschöpfung die Hände sinken ließ, wurden ihre Feinde stärker. Da kamen seine Mitstreiter ihm zu Hilfe, wie in 2. Mose 17,12-13 berichtet wird: „Als nun Moses Arme schwer wurden, suchten Aaron und Hur ihm einen Stein, auf den er sich setzen konnte. Dann stützten sie seine Arme – der eine den linken und der andere den rechten. Auf diese Weise blieben seine Arme oben, bis die Sonne unterging. Deshalb gelang es Josua, das Heer von Amalek zu schlagen." Gemeinsam errangen sie den Sieg.

Gott stellte Mose Mitarbeiter zur Seite, so wie er es auch bei Ihnen tun möchte. Gemeinsam waren sie stärker als jeder für sich. Gott schuf uns als Menschen, die ihn und andere brauchen.

Prediger 4,9-12

> Zwei haben es besser als einer allein: Zusammen erhalten sie mehr Lohn für ihre Mühe. Wenn sie hinfallen, kann einer dem anderen aufhelfen. Doch wie schlecht ist der dran, der allein ist und fällt, und keiner ist da, der ihm beim Aufstehen hilft!
>
> Es können sich zwei, die in einer kalten Nacht unter einer Decke liegen, aneinander wärmen. Doch wie kann einer, der alleine liegt, warm werden?
>
> Ein Einzelner kann leicht von hinten angegriffen und niedergeschlagen werden; zwei, die zusammenhalten, wehren den Überfall ab. Und: Ein dreifaches Seil kann man kaum zerreißen.

Warum zwei besser dran sind als einer allein

Es macht mich dankbar, wenn ich daran denke, wie oft andere Frauen mir im Gebet die Arme hochgehalten und meinen Kindern durch schwere Zeiten hindurchgeholfen haben. Es gab Zeiten, in denen sie es waren, die mit Gottes Wort für mein Kind beteten, während ich nur mit einem kleinen Senfkorn-Glauben ihre Hände berührte und zustimmte: „In Jesu Namen. Amen."

Römer 8,26-27

> Der Heilige Geist hilft uns in unserer Schwäche. Denn wir wissen ja nicht einmal, worum oder wie wir beten sollen. Doch der Heilige Geist betet für uns mit einem Seufzen, das sich nicht in Worte fassen lässt. Und der Vater, der alle Herzen kennt, weiß, was der Geist sagt, denn der Geist bittet für die, die zu Gott gehören, wie es dem Willen Gottes entspricht.

Jackie Marcum erzählt in einer wunderbaren Glaubenserfahrung, warum zwei besser dran sind als einer.

Wir haben es alle schon erlebt. Unsere Lebensumstände sind so erdrückend, dass wir keine Worte finden, Gott um Hilfe anzurufen. Darum bin ich so froh, dass wir uns nicht auf unsere eigenen Worte verlassen müssen, wenn wir zu Gott schreien. Er kennt unsere Herzen, und der Heilige Geist tritt mit „Seufzern" für uns ein, die sich nicht in menschliche Sprache fassen lassen. Was für ein berührendes Bild für Gottes innige Liebe zu uns.

Wie das aussieht, davon bekomme ich einen Eindruck, wenn meine Schwestern in Christus in unserer *Moms in Prayer*-Gruppe meine Kinder im Gebet vor Gott bringen. Und nie war dieser Eindruck so lebhaft wie in einer Zeit, in der ich zu niedergeschlagen war, um zu beten.

Am Weihnachtsabend 2006 ging meine bezaubernde sechsjährige Nichte Jenna nach einem tapferen Kampf mit einem Gehirntumor heim zu Jesus. In den 18 Monaten davor hatte ich täglich um Gottes heilende Hand gefleht, weil ich wusste, dass er alle Macht hatte, den Tumor zu entfernen und sie zu heilen. Als sie starb, war mein Glaube erschüttert; es fiel mir schwer zu verstehen, warum Gott sie nicht hier auf der Erde geheilt hatte. Doch ich wusste, dass mein treuer Gott sie mehr liebte, als ich es mir je vorstellen konnte, und das half mir durch meine Trauer.

Nach den Weihnachtsferien nahm unsere *Moms in Prayer*-Gruppe ihre wöchentlichen Treffen wieder auf, und ich wusste, dass ich dabei sein musste. Meine Jungs brauchten dringend Gebet; jeder von ihnen verarbeitete seine Trauer auf eigene Weise, und es war kein leichter Weg. Doch als ich anfangen wollte, im Gebet für sie einzutreten, flossen die Tränen, und ich fand keine Worte, um für sie zu beten.

In diesem Moment übernahmen meine Schwestern in Christus das Ruder. Unter der Führung des Heiligen Geistes brachten sie meine Jungs im Gebet vor Gott. Und es war erstaunlich, wie genau sie wussten, was sie für jeden einzelnen von ihnen beten sollten.

Der Heilige Geist wusste nicht nur, was ich auf dem Herzen hatte; er wusste auch, was meine Kinder am meisten brauchten, und dafür betete die Gruppe. Monatelang fragten diese lieben Frauen einfach: „Für wen beten wir heute?" Manchmal war es einer meiner Söhne, manchmal eines von Jennas Geschwistern. Mit der Zeit fand ich durch diese Frauen die Kraft, wieder laut zu beten. Ich weiß wirklich nicht, was ich ohne diese großartigen Gebetskämpferinnen an meiner Seite gemacht hätte.

Jetzt gehe ich jede Woche mit großer Erwartung zu meiner *Moms in Prayer*-Gruppe. Der Heilige Geist hat meiner Gruppenleiterin schon vor dem Treffen einen Bibelvers gegeben, den einer meiner Söhne dringend braucht. Ich schütte ihnen mein Herz aus, und dann höre ich, wie der Geist wirkt. Eine Gebetspartnerin greift mein Gebetsanliegen für meinen Sohn auf, und dann betet sie für Dinge, die ich gar nicht erwähnt hatte. Anschließend denke ich: „Warum habe ich nicht selbst daran gedacht? Das ist genau das, was er jetzt braucht." Aber dann lächele ich nur. Es kommt gar nicht darauf an, dass ich die perfekten Worte finde, denn der Heilige Geist selbst tritt nach dem Willen des Vaters für unsere Kinder ein.

Gott schuf uns als Menschen, die ihn und andere brauchen.

Um Einblicke in Gottes Güte beten

Es ist gut, wenn wir kein einziges wöchentliches Treffen unserer *Moms in Prayer*-Gruppen verpassen, denn wir freuen uns miteinander, wenn ein verlorener Sohn wieder heimkommt, eine Krankheit geheilt wird oder gute Noten erzielt werden. Wenn das Leben unerträglich weh tut oder wir uns danach sehnen, dass unsere Kinder Gottes Liebe in ihrem Leben erfahren, tragen wir einander. Ihrer Gebetspartnerin hat der Heilige Geist etwas von ewiger Bedeutung für Ihr Kind gegeben, während Sie miteinander beten. Beten Sie nicht als Einzelkämpferin; laden Sie andere ein, gemeinsam zu beten!

Hören wir einige weitere Geschichten. Die folgende stammt von Christina Watson Manahan.

Meine Tochter gehörte zur Cheerleading-Gruppe ihrer Uni, was leider keine gute Erfahrung für sie war. Das Hauptproblem war das gemeine Verhalten in der Gruppe. Die Mädchen waren nicht nett zueinander, und die Trainer sorgten nicht für Abhilfe, sondern schienen alles nur noch zu verschlimmern. In meiner *Moms in Prayer*-Gruppe fasste ich eines Tages im Gebet Mut für meine Tochter. Alle Mütter möchten, dass ihre Kinder froh und geborgen leben können, und da musste sich etwas ändern. Ich bat unseren Vater im Himmel, meine Tochter mit einem wunderbaren Tag zu überraschen, der sie immer wieder zum Lächeln bringen würde. „Vater, wo immer sie heute hinkommt, lass die Menschen ihr zulächeln." Ich fuhr fort: „Lass die Mädchen in der Cheerleader-Gruppe und in der Schule und sogar die Träner sie anlächeln. Vater, lass das Lächeln so offensichtlich sein, dass sie es bemerkt und sich fragt: ‚Warum lächeln alle mich an?'" Meine Gebetspartnerin in der *Moms in Prayer*-Gruppe unterstützte mein Gebetsanliegen: „Der Herr segne dich und beschütze dich. Der Herr wende sich dir freundlich zu und sei dir gnädig. Der Herr sei dir besonders nahe und gebe dir seinen Frieden" (4. Mose 6,24-26).

Der Herr segne und behüte
________________. Der Herr wende sich
________________ freundlich zu und
schenke ihr/ihm Frieden.

NACH 4. MOSE 6,24-26

Was ich jetzt zu berichten habe, sollte eigentlich unsere normale Erfahrung sein und uns überhaupt nicht überraschen. Als meine Tochter an diesem Tag nach Hause kam, sagte sie: „Mama, heute war es echt komisch in der Schule. Alle haben mich angelächelt." Sie fuhr fort: „Es war seltsam. Überall, wo ich hinkam, wurde ich angelächelt." Ich fiel fast auf die Knie und war außer mir vor Freude. Gott ist so unfassbar treu; wir müssen nur mutig genug sein, ihm zu glauben. Die Bibel sagt in Jakobus 4,2, dass wir nicht haben, weil wir nicht bitten. Er möchte, dass wir bitten, damit unsere Freude groß wird!

Beten, wenn wir im Bauch des Wales stecken

Hier ist ein weiterer Erfahrungsbericht – diesmal von einer britischen „Mom".

Ich weiß nicht, wie es bei Ihnen ist, aber ich stelle oft fest, dass wir, wenn andere von den großen Dingen erzählen, die Gott getan hat, uns zunächst mit ihnen freuen. Doch dann kann es leicht passieren, dass wir weggehen und denken: „Aber was ist mit mir, Herr? Ich stecke immer noch im Bauch des Wales." Im Blick auf unsere elterliche Verantwortung scheint das eine lebenslange Herausforderung zu sein.

Manchmal haben wir beim Warten auf Gebetserhörungen den Eindruck, dass unser Herzenskummer und unsere zerschlagenen Hoffnungen ewig weitergehen, weil der Herr unsere Bitten oft nicht in der Zeit erfüllt, die wir uns wünschen. Während ich darüber nachdenke, wird mir bewusst, dass Jona nicht erst dann anfing, Gott zu preisen, als er wieder an Land war, sondern ihn schon im Bauch des Wales lobte.

> In meiner Not rief ich zum Herrn und er antwortete mir. Ich schrie zu dir aus dem Totenreich und du hörtest meine Stimme! Als ich keine Hoffnung mehr hatte, dachte ich an den Herrn. Und mein Gebet drang zu dir in deinen heiligen Tempel durch. Ich aber werde dir laut danken, Opfer bringen und meine Gelübde halten. Denn die Hilfe kommt vom Herrn. Jona 2,2+8+10

Deshalb möchte ich für die Mütter da draußen, die wie ich vielleicht immer noch im Wal stecken, ein Loblied anstimmen, denn ich weiß, dass Gott mit mir ist und dass ich durch seine Treue eines Tages wieder trockenes Land sehen werde. Wie sehr er sich um mich und meine Kinder kümmert, erkenne ich unter anderem an der Art und Weise, wie er *Moms in Prayer* in mein Leben gebracht hat.

Mein Mann und ich lernten uns auf dem Missionsfeld in Nordasien kennen. Bei unserer Trauung, nachdem wir unser Versprechen abgelegt hatten und uns umdrehten, um durch den Mittelgang hinauszuschreiten, sprang jemand auf und sagte: „Wenn euer Sohn geboren ist, sollt ihr ihn ... nennen." Nun, das war wirklich eine ungewöhnliche Erfahrung! Es war ein apostolischer Name, den ich um meines Sohnes willen verschweigen werde, aber er entsprach dem demütigen, gottesfürchtigen Charakter und dem missionarischen Eifer, den wir in ihm erhoffen konnten. Als ich zu gegebener Zeit mit ihm schwanger war, wurde mir zweimal auf verschiedenen Kontinenten das gleiche prophetische Wort gegeben – dass mein Kind vom Herrn sehr gebraucht werden würde. Ich dachte an Johannes den Täufer, der schon prophetisch war, noch bevor er laufen konnte.

Auch mein Sohn hat sich dem Herrn schon in jungen Jahren verpflichtet, aber erst Jahre später erkannte ich, dass der Herr mir diese Worte nicht gegeben hatte, weil sie schon früh in seinem Leben offenbar werden würden, sondern weil es manchmal unmöglich schien, sich überhaupt vorzustellen, dass dies wahr werden könnte.

Vor fünfzehn Jahren, als die Jungen noch sehr klein waren, stieß ich auf ein Flugblatt über *Moms in Prayer.* Kurz zuvor hatte sich eine Frau aus unserer Gemeinde einer Gruppe angeschlossen, mit der ich Kontakt aufnahm. Sie war Mutter von sechs Kindern, darunter Drillinge, von denen zwei besondere Bedürfnisse hatten. Wir freundeten uns an, und ich schlug vor, gemeinsam eine *Moms in Prayer*-Gruppe zu gründen. Sie war einverstanden, aber die Sache wurde dann doch fallengelassen.

Die Jahre vergingen; meine beiden Söhne besuchten mit uns die Gemeinde und bekannten sich selbst zum Glauben. Doch dann stellten sich die Hormone ein. Kommt Ihnen das bekannt vor?

Bei unserem ältesten Sohn zeigte sich die jugendliche Rebellion am stärksten. An einem Sonntagmorgen gellten diese herzzerreißenden Worte in meinen Ohren: „Ich gehe nicht in die Gemeinde, Mama. Ich bin kein Christ mehr.“ Es folgte eine Zeit, in der unser geliebter Sohn mit Drogen und Alkohol experimentierte, die Schule abbrach und in einen Strudel extremer Angst und Depression geriet. Am Ende stand ein völliger Zusammenbruch, der ihn nicht nur ein, sondern volle zwei Jahre in seiner Ausbildung zurückwarf.

Im Herbst 2014 erhielt ich zu meiner völligen Überraschung von unserer örtlichen *Moms in Prayer*-Koordinatorin eine Einladung zu einem Gebetsfrühstück. Ehrlich gesagt war mein erster Gedanke: „Dafür habe ich keine Zeit.“ Nachdem ich meine Antwort eine Weile hinausgezögert hatte, griff ich schließlich zum Telefon, um höflich abzulehnen, doch innerhalb weniger Sekunden im Gespräch mit dieser reizenden Dame schüttete ich ihr unter Tränen mein Herz über meinen Sohn aus. Noch an demselben Nachmittag fand ich mich in einer *Moms in Prayer*-Gruppe wieder. Wenn Gott entscheidet, dass etwas dran ist, gibt es keine Widerrede.

Um die Weihnachtszeit sahen wir erste Anzeichen von Gebetserhörungen. Wir entdeckten eine ganze Reihe von offenen Laptop-Tabs, die zu YouTube-Videos über die Endzeit und andere christliche Themen führten. Zuvor hatte der Herr durch Josua 6,10 sehr deutlich zu mir gesprochen: „Kein Wort soll aus deinem Mund kommen bis zu dem Tag, an dem ich es dir sage." Ich musste schweigen und Gott handeln lassen. Doch es gab auch Momente der Gnade. Unser Sohn fing an, Fragen zu stellen, und einmal saß ich sogar nachts um eins bei ihm, um über die Endzeit, Gott und den Glauben zu sprechen. Zwar lebt er noch nicht mit dem Herrn, doch ich würde sagen, dass er sich den Christen wieder angenähert hat und offen zeigt, dass er glaubt.

Als ich fast ein Jahr lang die *Moms in Prayer*-Gruppe besuchte, bekam ich den Eindruck, dass die Zeit für eine Gruppe vor Ort gekommen war. Ich kontaktierte meine Freundin, jene Mutter von sechs Kindern, und erinnerte sie an *Moms in Prayer.* Wir hatten schon lange nicht mehr dieselbe Gemeinde besucht und als vielbeschäftigte Mütter war es uns nicht einmal gelungen, uns auf einen Kaffee zu treffen. Wir stellten jedoch fest, dass das zeitlich straffe Konzept von *Moms in Prayer,* sich immer nur für eine Stunde zum Gebet zu treffen, für uns umsetzbar war, sodass wir es tatsächlich schafften, Woche für Woche zusammen zu beten. Der Herr führte weitere Mütter zu uns, sodass wir jetzt zu fünft sind. Es ist ein unvergleichlicher Segen, mit anderen Müttern zusammen zu sein und unsere Tränen, unseren Schmerz und unsere Lasten zu teilen, aber auch Hoffnung, Ermutigung und Liebe auszutauschen. Es ist auch eine große Ehre und ein Privileg, anderen Müttern Hoffnung zu vermitteln, die verzweifelt darauf warten, dass Gott ihr Gebet erhört und mit seiner großen Macht im Leben ihrer Kinder handelt.

Wie es mit unserem Sohn weiterging? Er ist jetzt fast 20 Jahre alt, und als ihm mitgeteilt wurde, dass er zum besten Viertel seines Jahrgangs gehört und jede Aussicht hat, akademisch erfolgreich zu sein, brach er seine Ausbildung ganz ab, obwohl ihm nur noch wenige Kurse fehlten. Nicht in der Lage, sich dem Stress zu stellen, erklärt er mir gegenüber: „Ich werde Straßenfeger sein; zu mehr tauge ich nicht." Dann geschah etwas, wie nur Gott es tun kann. Eine „zufällige Bemerkung" einer Mutter in unserer Gebetsgruppe eine Woche zuvor führte uns zu einer Agentur (unter christlicher Leitung!), die jungen Menschen, die in Schwierigkeiten stecken, betreutes Wohnen anbietet und ihnen hilft, eine Arbeitsstelle, Lehre oder Fortbildung zu finden, um selbständig zu werden. Dies scheint der nächste Schritt zu sein, den der Herr für ihn hat.

Ich hatte mir Sorgen gemacht, dass mein Sohn wütend auf Gott sein könnte, weil er gesundheitlich so sehr zu leiden hat; ständig hat er Schmerzen, kann nicht schlafen und oft ist ihm übel. Beim Treffen meiner *Moms in Prayer*-Gruppe betete ich für ihn, dass er nicht wütend auf Gott sein würde. An diesem Abend sagte ich ihm, dass ich es verstehen würde, wenn er wegen seiner Schwierigkeiten wütend auf Gott wäre. Er unterbrach mich und meinte: „Ich bin nicht wütend auf Gott. Wütend bin ich schon, aber nicht auf Gott. Es ist nicht seine Schuld. Er hat mir das nicht angetan." Ich habe fast geweint. Dank sei dem Herrn! Er hat dieses Gebet innerhalb weniger Stunden erhört. Diese Erfahrung gab mir viel mehr Frieden in Bezug auf eine Versöhnung zwischen meinem Sohn und Gott.

Die Erziehung meines Sohnes ist noch nicht abgeschlossen, und ich werde ihn gehen lassen müssen. Doch ich habe die innere Gewissheit, dass der Herr seine Hand auf ihn gelegt hat und dass die Vision zwar auf sich warten lassen mag, sich aber irgendwann erfüllen wird; und ich habe die Unterstützung meiner *Moms in Prayer*-Gruppe, die mir hilft, weiter für ihn zu beten. Gerade in dieser Woche ist er wieder krank. Er liegt im Bett, mit dem Gesicht zur Wand, und zum ersten Mal seit vielen Jahren fragt er mich: „Mom, würdest du bitte für mich beten?" O ja, mein Schatz. Und ich werde nie damit aufhören.

Wie Gott einen „schlimmsten Tag“ verwandelte

Lassen Sie uns noch eine Geschichte über die Kraft des gemeinsamen Gebets erzählen. Diese stammt von Margaret Haire.

Ich möchte Ihnen vom schlimmsten Tag in meinem Leben erzählen. Es war der 7. November 2006. Mein Sohn erlebte eine bittere Enttäuschung, nachdem er jahrelang mit großem Einsatz und manchen Opfern auf etwas hingearbeitet hatte, das sich an diesem Tag erfüllen sollte. Meine Tochter, die gerade ihr erstes Jahr am College begonnen hatte, hatte gerade eine ganz besondere Beziehung mit einem jungen Mann abgebrochen, den sie schon viele Jahre kannte. Sie rief mich an, um mir davon zu erzählen, und teilte mir auch mit, dass sie mit einem Therapeuten gesprochen hatte, der davon ausging, dass sie als Reaktion auf das Ende dieser langjährigen Freundschaft magersüchtig werden würde.

An demselben 7. November 2006 musste ich unseren geliebten 16-jährigen Hund Buster einschläfern lassen. Das alles betrübte mich so sehr, dass ich nicht schlafen konnte. Nachdem ich mich stundenlang im Bett hin und her gewälzt hatte, stand ich um 3 Uhr morgens auf und schickte eine E-Mail an meine Freundin mit der Bitte um Gebet. Meine Freundin und ich hatten schon angefangen, zusammen zu beten, als unsere Töchter noch die Grundschule besuchten. Sie betete den ganzen Morgen für meine Familie und am Nachmittag fand unser übliches Gebetstreffen statt, eine Stunde vor Schulschluss. Als wir uns an diesem Nachmittag trafen, begannen wir mit Psalm 84, um den Herrn zu preisen und anzubeten.

Wie herrlich sind deine Wohnungen, allmächtiger Herr.

Ich sehne mich, ja ich vergehe vor Sehnsucht, die Vorhöfe des Herrn zu betreten, wo ich den lebendigen Gott mit frohem Herzen anbeten will.

Selbst ein Vogel findet dort ein Heim, und die Schwalben bauen ihr Nest und ziehen ihre Jungen auf, nahe bei deinen Altären, allmächtiger Herr, mein Gott und König!

Wie glücklich sind die, die in deinem Hause wohnen dürfen, sie werden dich jederzeit loben.

Glücklich sind die Menschen, die in dir ihre Stärke finden und von Herzen dir nachfolgen.

Wenn sie das Tal der Tränen durchqueren, wird es ihnen zu einem Ort erfrischender Quellen und der Frühregen bedeckt es mit Segen.

So bekommen sie immer wieder neue Kraft und erscheinen in Jerusalem vor Gott. Herr, allmächtiger Gott, vernimm mein Gebet und erhöre mich, Gott Israels.

Gott, schau den König, unseren Beschützer, gnädig an. Hab Erbarmen mit ihm, den du auserwählt hast!

Herr, ein einziger Tag in deinen Vorhöfen ist besser als sonst tausend! Lieber möchte ich Torhüter im Haus meines Gottes sein, als in den Häusern der Bösen zu wohnen.

> Denn Gott, der Herr, ist für uns Sonne und Schutz. Er schenkt uns Gnade und Ehre. Der Herr wird denen nichts Gutes vorenthalten, die tun, was recht ist.
>
> Allmächtiger Herr, glücklich ist der Mensch, der auf dich vertraut.

In Vers 4 steht: „Selbst ein Vogel findet dort ein Heim, und die Schwalben bauen ihr Nest und ziehen ihre Jungen auf, nahe bei deinen Altären." Als wir den Psalm zu Ende gelesen hatten, blickte meine Freundin auf und sagte: „Margaret, es ist unglaublich, aber mir ging den ganzen Morgen über, als ich für deine Tochter betete, unwillkürlich das Lied ‚His eye is on the sparrow' durch den Kopf." Wir schauten uns an, schüttelten den Kopf und bestätigten beide unter Tränen, dass wir es als Bestätigung von Gott empfanden. Es war, als würde Gott sagen: „Hört mal, ich habe das im Griff! Ich behalte euren kleinen Spatz im Blick. Sie hat ein Nest nahe bei meinem Altar; sie hat einen Platz in meinem Heim, und in diesem Zuhause ist sie bei mir in Sicherheit. Alles, was sie tun muss und was ihr tun müsst, ist, zu mir zu kommen, in meinem Haus zu wohnen, indem ihr mich preist und mir vertraut. In meinem Haus gibt es Sicherheit, Schutz, Kraft, Segen und Frieden. Es ist ein Ort, an dem eure Kinder stark werden, und wo sie für andere zum Segen werden. Wenn sie ihr Herz darauf ausrichten, mich zu erkennen, werde ich sie von Kraft zu Kraft führen und ihnen Gunst und Ehre verleihen."

Der 7. November 2006 war der schlimmste Tag in meinem Leben, denn eine Mutter liebt ihre Kinder mit solcher Intensität, dass es auch uns das Herz bricht, wenn das Herz unserer Kinder gebrochen wird. Doch was sagt der Psalmist? Er sagt: Wenn unsere Kinder, die Gott kennen lernen wollen, durch ein Tal mit großem Kummer gehen, stärkt Gott sie und macht aus diesem Tal einen Ort der Erneuerung und Erfrischung. Gott ist so gut und führt sie aus den Tälern heraus. Er hilft ihnen, ihre Sorgen in Segen zu verwandeln, ihre Tränen in Quellen der Erneuerung, ihre traurigen Zeiten in Orte der Erfrischung und Wiederherstellung – nicht nur für sie selbst, sondern auch für andere.

Genau das tat meine Freundin für mich. Sie war selbst durch ein tiefes Tal des Kummers gegangen; ihr Herz brach, als sie zusehen musste, wie ihre Tochter immer tiefer in den Albtraum der Magersucht geriet. Eine Zeitlang trug sie diese Last allein. Schließlich hatte sie ihren Kindern ihr Leben gewidmet und ihre berufliche Karriere aufgegeben, um für sie da zu sein. Sie nahm sie mit in die Gemeinde. Sie schickte sie auf eine christliche Schule. Sie war eine großartige Mutter. Doch ihre wunderschöne, kluge, unglaublich talentierte und begabte Tochter war dabei, sich selbst zu Tode zu hungern. Aus Verlegenheit, zur Wahrung der Privatsphäre und sogar aus einem Schuldgefühl heraus trug meine Freundin diese Last zuerst allein. Doch als die Last unerträglich wurde, vertraute sie sich anderen an, darunter auch mir als ihrer Gebetspartnerin in unserer *Moms in Prayer*-Gruppe. Sie sprach auch mit einer Verwandten, die ebenfalls intensiv für ihre Tochter betete. Sie und ihr Mann unternahmen auch ganz praktische Schritte, um einzugreifen und ihrer Tochter zu helfen, doch der Wendepunkt kam, als die Verwandte für ihre Tochter zu Gott flehte. Es war die Kraft des Heiligen Geistes, der durch das Gebet wirkte und sie schließlich aus der Magersucht befreite.

Und nun betete diese Mutter – meine Gebetspartnerin – für den Weg meiner Tochter. Meine Freundin half mir und meiner Tochter genauso, wie sie und ihre Tochter Hilfe erfahren hatten. Sie half mir, die schwere Last eines gebrochenen Herzens zu tragen, und ging mit mir durch das Tal des Kummers, indem sie meine Tochter im Gebet vor Gott brachte.

Genau darum geht es bei *Moms in Prayer* und beim Gebet im Einklang. Wir können noch so kompetent und zuversichtlich sein, und sind doch aufeinander angewiesen. Wir alle haben Zeiten, in denen wir uns nicht sehr stark fühlen. So oft fühlen junge Mütter sich einsam – oder zumindest allein – wenn es darum geht, ihre Kinder zu erziehen. Indem wir zusammenkommen, um unsere Kinder und die Kinder anderer im Gebet vor Jesus zu bringen, stärkt Gott uns und verbindet unsere Herzen miteinander.

Manchmal ist das wirklich ein Rettungsring, besonders in Zeiten, in denen wir das Gefühl haben, unterzugehen. In anderen Zeiten erleben wir große Freude, wenn wir unseren Glaubensschwestern einen Rettungsring zuwerfen können, während sie gerade überfordert sind und das Gefühl haben, im Tal des Kummers unterzugehen. Es ist so wertvoll und ermutigend mitzuerleben, wie sie die Augen von ihren Problemen abwenden und aufblicken, um Hilfe zu erfahren. Wenn wir unsere Verlegenheit und den Wunsch nach Privatsphäre ablegen und einer Schwester im Glauben, der wir vertrauen, die Gelegenheit geben, für uns und unsere Kinder zu beten, ist das ein großer Segen. Was für ein Geschenk, wenn andere für unsere Familien zu Christus beten! Und was für eine Freude, wenn wir dann erleben, wie Gott unsere Gebete erhört!

Ganz offensichtlich hat er unsere Gebete für meine Tochter und meinen Sohn erhört. Beide sind jetzt erwachsen und haben ihre eigenen Familien, in denen es ihnen gut geht. Ich bete weiter für sie und für meine Enkel, ebenso wie für die Kinder und Enkel meiner lieben Freundinnen in unserer *Moms in Prayer*-Gruppe – seit über 20 Jahren! Gott allein weiß, wie er all diese Gebete beantwortet hat. Doch ich weiß, dass Gott Gebet erhört, und meine *Moms in Prayer*-Gruppe war für mich ein Rettungsring. Unter allen erzieherischen Bemühungen ist dieses Beten das Beste, was ich je unternommen habe. Das Leben hat seine besten und seine schlimmsten Tage, und es hat seine gewöhnlichen Tage. Doch jeden Tag brauchen wir und unsere Familien Gott. Wenn wir uns im Gebet an ihn wenden, werden wir die Kraft, die Freude und die Fähigkeit finden, anderen zu helfen. Wir und unsere Familien werden ein Bewusstsein unserer Zusammengehörigkeit, Identität und Bestimmung gewinnen. Im letzten Vers von Psalm 84 steht: „Allmächtiger Herr, glücklich ist der Mensch, der auf dich vertraut."

Das Leben hat gute und schlimme Tage, und es hat seine gewöhnlichen Tage. Doch jeden Tag brauchen wir und unsere Familien Gott.

Bibelgebete, um Gebetspartner zu finden

Herr, in Matthäus 18,19-20 sagt Jesus: „Wenn zwei von euch hier auf der Erde darin eins werden, eine Bitte an Gott zu richten, dann wird mein Vater im Himmel diese Bitte erfüllen. Denn wo zwei oder drei zusammenkommen, die zu mir gehören, bin ich mitten unter ihnen."

Herr, hilf mir, mindestens eine Person zu finden, mit der ich mich regelmäßig in deinem Namen treffen und beten kann.

Wie bei Mose in 2. Mose 17,12-13, hilf mir, Gebetspartnerinnen zu finden, die an meiner Seite sind und die mir helfen, dich zu suchen und von dir Kraft zu bekommen, wenn ich müde werde.

Herr, hilf mir, dass mein Senfkornglaube wächst, damit ich zum Berg sagen kann: „Hebe ich dich weg!" Hilf, dass ich das auch glauben kann, denn mit dir ist nichts unmöglich.

NACH MATTHÄUS 17,20

Herr, du sagst uns in Jakobus 4,2: „Ihr habt nicht, weil ihr nicht darum bittet."

Hilf mir, mich immer daran zu erinnern, alle meine Anliegen und Sorgen zu dir zu bringen und dich um Hilfe zu bitten.

Ich möchte das vor meinen Kindern und anderen Menschen leben: Werdet nicht nachlässig, sondern lasst euch ganz vom Geist erfüllen und setzt euch für den Herrn ein. Freut euch in der Hoffnung, haltet durch in schweren Zeiten, bleibt beständig im Gebet

nach Römer 12,11-12

O Herr, hilf mir, jemanden zu finden, der mit mir dem Ruf folgt, für die Kinder in Fürbitte einzustehen, gemäß Klagelieder 2,19: „Steh auf, schrei in der Nacht zu Beginn jeder Nachtwache. Schütte dem Herrn dein Herz aus wie Wasser. Heb deine Hände wegen deiner Kinder zu ihm auf, die an allen Straßenecken verhungern.“

Weil Gott so barmherzig ist, fordere ich euch nun auf, liebe Brüder und Schwestern, euch mit eurem ganzen Leben für Gott einzusetzen.

Es soll ein lebendiges und heiliges Opfer sein - ein Opfer, an dem Gott Freude hat. Das ist ein Gottesdienst, wie er sein soll.

Deshalb orientiert euch nicht am Verhalten und an den Gewohnheiten dieser Welt, sondern lasst euch von Gott durch Veränderung eurer Denkweise in neue Menschen verwandeln.

Dann werdet ihr wissen, was Gott von euch will: Es ist das, was gut ist und ihn freut und seinem Willen vollkommen entspricht.

Römer 12,1-2

18

Weiter mit Gottes Wort beten

Ich weiß, dass der Herr immer bei mir ist. Ich will nicht mutlos werden, denn er ist an meiner Seite.

PSALM 16,8

Sie nähern sich zwar dem letzten Satz in diesem Buch, doch die Bibelgebete sind damit nicht zu Ende. Ganz gleich, welche Schwierigkeiten und Überraschungen es in Ihrem Leben geben mag – beten Sie weiter. Wenn wir unseren Blick immer auf den Herrn richten, wird er uns helfen, allem standzuhalten, was uns begegnen mag. Indem wir uns auf Jesus Christus als unseren Herrn und Heiland ausrichten, schöpfen wir bei ihm die Kraft, mutig und unerschütterlich zu bleiben. Betrachten Sie einmal die folgenden Bibelverse:

> Da ihr mit Christus zu neuem Leben auferweckt wurdet, sucht Christus, der zur Rechten Gottes im Himmel sitzt. Denkt nicht an weltliche Angelegenheiten, sondern konzentriert eure Gedanken auf ihn! Kolosser 3,1-2

> Macht das Reich Gottes zu eurem wichtigsten Anliegen, lebt in Gottes Gerechtigkeit, und er wird euch all das geben, was ihr braucht.
> Matthäus 6,33

> Ich habe den Herrn allezeit vor Augen; er steht mir zur Rechten, so wanke ich nicht.
> Psalm 16,8 (LUT)

Für mich (Cyndie) ist es die größte Freude am Morgen, mich in meinen gemütlichen roten Stille-Zeit-Sessel zu setzen und meine ziemlich abgegriffene Bibel aufzuschlagen, um darin zu lesen, über das Gelesene nachzusinnen und damit zu beten. Meinen Tag mit dem Herrn zu beginnen gibt mir die Möglichkeit, „zuerst nach seinem Reich und nach seiner Gerechtigkeit zu trachten“. Auf diese Weise gelingt es mir besser, mein Herz und meine Gedanken auf Christus auszurichten, damit ich festen Stand behalten kann, was immer der Tag mit sich bringen mag. Oft springt mir ein bestimmter Abschnitt in die Augen und trifft mich genau an dem Punkt, an dem ich mich gerade befinde; das erlebe ich als ein besonderes Geschenk direkt aus dem Himmel. Ich denke dann über den Abschnitt nach und überlege, was er bedeutet und wie ich ihn auf mein eigenes Leben anwenden kann. Wird darin eine Eigenschaft Gottes genannt, für die ich ihn preisen kann? Werde ich auf etwas aufmerksam gemacht, das ich ihm bekennen sollte? Werde ich an etwas erinnert, wofür ich dankbar sein kann? Und für wen gilt dieser Vers? Normalerweise bete ich mit diesem Vers für mich selbst, für meine Familie und für Menschen, die Gott mir ans Herz legt. Wenn ich anschließend auf den Crosstrainer steige oder draußen walken gehe, nehme ich gewöhnlich ein Bild aus dem Bibeltext mit, um beim Training und den ganzen Tag über weiter darüber nachzudenken und zu beten.

Wir möchten Sie ermutigen, sich täglich etwas Zeit für Gott zu nehmen. Lesen Sie dabei zuerst in Gottes Wort – sei es mit einer herkömmlichen Druckausgabe der Bibel, einer digitalen Version oder einer Audio-Datei. Wenn die tägliche Beschäftigung mit dem Wort Gottes noch nicht zu Ihrer Routine gehört, können Sie mit der täglichen Schriftlesung beginnen, die von der *YouVersion* mit Push-Benachrichtigungen angeboten wird. Nachdem Sie einen Bibelabschnitt gelesen haben, nehmen Sie sich einen Moment Zeit und bitten Sie den Herrn, Ihnen zu zeigen, was dieser Abschnitt bedeutet und wie Sie ihn auf Ihr Leben anwenden können. Beten Sie dann die Vier Schritte des Gebets durch: Anbetung, Schuld bekennen, Dank und Fürbitte. Natürlich ist es immer angebracht, in Ihrer persönlichen Stillen Zeit auch für sich selbst zu beten!

Genießen Sie eine Stille Zeit mit den Gebetsschritten

- *Anbetung:* Kommt in dem Abschnitt eine Eigenschaft Gottes zum Ausdruck oder werden Sie darin an einen seiner Wesenszüge erinnert? Nehmen Sie sich Zeit, Gott als den anzubeten, der er ist.

- *Schuld bekennen:* Haben Sie den Eindruck, dass der Heilige Geist Sie in dem Bibeltext auf etwas aufmerksam macht, das Sie bekennen sollten? Schieben Sie es nicht auf. Wenn doch, wird Gott einfach immer wieder darauf zurückkommen. Halten Sie kurz inne, um die Sünde zu bekennen, und bitten Sie Gott um Hilfe, in diesem Bereich besser zu werden. Vergessen Sie dabei nicht, dass Gott nie von uns erwartet, etwas aus eigener Kraft zu schaffen – das gilt auch für das Bekennen von Schuld. Wenn Sie ihn darum bitten, wird er Ihnen dabei helfen!

- *Dank:* Nehmen Sie sich Zeit, dem Herrn zu danken – für das, was Ihnen in diesem Bibelabschnitt bewusst wird, für jeden Segen, den er Ihnen schenkt, und für sein Wirken in Ihrem Leben. Die Erinnerung an das, wofür wir dankbar sein können, kann unser Denken verändern; beginnen Sie den Tag also mit einem dankbaren Herzen.

- *Fürbitte 1:* Bitten Sie Gott um Hilfe, um zu erkennen, für wen Sie die Bibelverse beten sollen, die Sie gerade lesen. Lassen Sie sich beim Beten für jede Person, die er Ihnen ans Herz legt, durch den Heiligen Geist leiten. Beten Sie mit dem Bibelabschnitt und beten Sie dann konkret weiter, wie der Heilige Geist Sie leitet. Gehen Sie nicht davon aus, dass Sie in Ihrer Stillen Zeit „zu Ende" beten müssen. Machen Sie mit Ihrem Handy einen Screenshot oder ein Foto von dem Bibeltext, sodass Sie ihn tagsüber bei sich haben und damit für verschiedene Personen beten können, die der Heilige Geist Ihnen zeigt. Denken Sie daran: Wenn wir mit Gottes Wort beten, haben wir die Gewissheit, dass wir nach seinem Willen beten!

- *Fürbitte 2:* Natürlich ist es immer okay, in Ihrer Stillen Zeit auch für sich selbst mit dem Bibeltext zu beten! Lassen Sie Ihr Herz und Ihren Verstand von der Schönheit und Kraft des Wortes Gottes durchdringen. Hüllen Sie sich in Gottes heiliges Wort ein, so wie Sie sich in Ihre Lieblingsdecke einrollen würden. Gottes Wort wird Sie wärmen und vor der Welt und ihren Stressfaktoren abschirmen. Nehmen Sie sich auch Zeit, Gott zu fragen, wie Sie nach den Bibelversen leben können, die er Ihnen für den heutigen Tag gegeben hat, was immer auch geschehen mag. Behalten Sie Psalm 16,8 in Erinnerung: Wenn wir unseren Blick tagsüber auf den Herrn richten, werden wir nicht wanken.

In Gottes Wort eintauchen, um Bibelgebete zu finden

Wenn mir das Herz schwer wird und meine Gebetsliste lang ist, greife ich oft zu den Psalmen und betrachte einen Abschnitt nach dem anderen. Meinen Sie nicht, Sie müssten sich mit der Bibellese beeilen. Wenn der Heilige Geist Sie bei einem bestimmten Vers anspricht, halten Sie inne und denken Sie darüber nach; überlegen Sie, was der Abschnitt bedeutet, und beten Sie damit für sich und einen geliebten Menschen. Auch die Sprüche bieten eine Fülle von Bibelstellen, mit denen wir für unsere Kinder beten können. Mit seinen 31 Kapiteln eignet es sich perfekt dazu, einen Monat lang kapitelweise gelesen zu werden, und es wird Ihnen helfen, sich das Beten mit Gottes Wort zur Gewohnheit zu machen und die damit verbundene Freude zu erleben. Aber haben Sie in Ihrer Zeit mit Gott nicht das Gefühl, hindurchrasen zu müssen. Wenn er Sie bei einem Vers oder Abschnitt verweilen lässt, nehmen Sie sich die Zeit dazu. Manchmal kehre ich mehrere Tage hintereinander zu demselben Abschnitt zurück, um neu darüber nachzudenken und zu beten.

Wenn Sie dieses Buch zusammen mit Ihrem Ehepartner lesen, beginnen Sie, gemeinsam mit der Bibel für Ihre Kinder zu beten. Oder schnappen Sie sich einen Freund bzw. eine Freundin, um gemeinsam zu beten. Suchen Sie nach einer Gebetspartnerschaft? Im nächsten Kapitel spricht Sally über unsere *Moms in Prayer*-Gruppen und zeigt, wie Sie eine solche Gruppe finden oder gründen können.

Wir freuen uns, dass Sie sich mit uns auf den Weg machen, für unsere Kinder zu beten. Wir werden unsere gemeinsame Zeit mit einigen großartigen Bibeltexten beenden, über die Sie nachdenken und mit denen Sie für Ihre Kinder beten können. Unsere Auswahl umfasst einige Abschnitte aus den Psalmen, eine Reihe von Paulusgebeten – die sich hervorragend als Ausgangspunkt für das Beten mit Bibelversen eignen – und einige Abschnitte aus dem Buch der Sprüche.

Psalm 1,1-3

Glücklich ist der Mensch, der nicht auf den Rat der Gottlosen hört, der sich am Leben der Sünder kein Beispiel nimmt und sich nicht mit Spöttern abgibt. Voller Freude tut er den Willen des Herrn und denkt über sein Gesetz Tag und Nacht nach. Er ist wie ein Baum, der am Flussufer wurzelt und Jahr für Jahr reiche Frucht trägt. Seine Blätter welken nicht, und alles, was er tut, gelingt ihm.

Psalm 37,23-24,39-40

Der Herr freut sich an einem aufrichtigen Menschen und führt ihn sicher. Auch wenn er stolpert, wird er nicht fallen, denn der Herr hält ihn fest an der Hand …

Der Herr hilft denen, die ihm vertrauen, er ist ihre Zuflucht in Zeiten der Not. Der Herr hilft ihnen und rettet sie vor gottlosen Menschen. Er rettet sie, weil sie bei ihm Schutz suchen.

Philemon 1,4-7

Immer, wenn ich für dich bete, Philemon, danke ich meinem Gott, denn ich höre überall von deinem Vertrauen auf Jesus, den Herrn, und von deiner Liebe zu allen Gläubigen.

Und ich bete nun, dass der Glaube, den wir miteinander teilen, in dir zunimmt, indem du erkennst, wie viel Gutes wir in Christus haben. Deine Liebe hat mir sehr viel Freude und Trost gegeben, mein Bruder, denn du erfreust die Herzen der Gläubigen.

Kolosser 1,3-6,9-14

Wenn wir für euch beten, danken wir Gott, dem Vater von Jesus Christus, unserem Herrn, immer wieder für euch, denn wir haben gehört, dass ihr auf Christus Jesus vertraut und alle liebt, die zu Gott gehören. Denn ihr glaubt an die Hoffnung, die der Himmel für euch bereithält, wie ihr sie durch das Wort der Botschaft Gottes gehört habt. Diese gute Botschaft, die euch erreicht hat, verbreitet sich in der ganzen Welt. Überall verändert sie das Leben der Menschen, so wie sie euer Leben von dem Augenblick an verändert hat, als ihr die Wahrheit über die Gnade Gottes gehört und erkannt habt.

Deshalb hören wir nicht auf, für euch zu beten, seit wir zuerst von euch erfahren haben. Wir bitten Gott, euch Einsicht für das zu schenken, was er in eurem Leben bewirken will, und euch mit Weisheit und Erkenntnis zu erfüllen. Dann werdet ihr mit eurem Leben den Herrn ehren und ihn erfreuen mit allem, was ihr tut. Auf diese Weise werdet ihr Gott immer besser kennenlernen. Zugleich beten wir darum, dass ihr die herrliche Kraft Gottes erfahrt, damit ihr genug Geduld und Ausdauer habt für die Anforderungen, die an euch gestellt werden. Mit Freude sollt ihr ihm danken, weil er euch am Erbe derer beteiligt, die im Licht leben und zu ihm gehören. Denn er hat uns aus der Macht der Finsternis gerettet und in das Reich des geliebten Sohnes versetzt. Gott hat unsere Freiheit mit seinem Blut teuer erkauft und uns alle unsere Schuld vergeben.

Sprüche 1,1-10

Dies sind die Sprüche Salomos, des Sohnes Davids, des Königs von Israel. Durch die Sprüche soll der Mensch Weisheit und Selbstbeherrschung lernen, um gute Ratschläge verstehen zu können. Sie helfen dabei, Zurechtweisung anzunehmen und sie einsichtig im Leben umzusetzen und zu tun, was gerecht, recht und aufrichtig ist. Die Sprüche machen die Unerfahrenen klüger und schenken dem, der noch jung ist, Erkenntnis und Besonnenheit. Wer weise ist, höre auf diese Sprüche und gewinne noch an Weisheit hinzu; wer klug ist, suche sich weisen Rat, damit er diese Sprüche, Gleichnisse, weisen Worte und Rätsel verstehen kann.

Die Ehrfurcht vor dem Herrn ist der Anfang der Erkenntnis. Nur Narren verachten Weisheit und Selbstbeherrschung.

Mein Kind, höre auf die Zurechtweisung deines Vaters und lehne nicht ab, was deine Mutter dich lehrt. Was du von ihnen lernst, ist wie eine schöne Krone für deinen Kopf und wie eine Kette für deinen Hals. Mein Kind, wenn Sünder dich verführen wollen, dann gib der Versuchung nicht nach!

Sprüche 10,8-12,17-21,23-26

Wer weise ist, freut sich über die Belehrung, aber wer Unvernünftiges redet, geht daran selbst zugrunde. Wer ein vorbildliches Leben führt, lebt sicher, wer aber krumme Wege geht, wird bestraft. Menschen, die betrügen, verursachen nur Leid, eine unerschrockene Zurechtweisung dagegen stellt den Frieden wieder her. Die Worte des Gottesfürchtigen führen zum Leben, der gottlose Mensch aber vertuscht seine bösen Absichten. Hass bewirkt Streit, doch Liebe deckt alle Vergehen zu.

Wer eine Zurechtweisung annimmt, geht den Weg des Lebens, doch wer sie missachtet, führt andere in die Irre. Wer seinen Hass verbirgt, ist ein Lügner, wer andere verleumdet, ist ein Narr. Rede nicht zu viel, denn das führt zur Sünde. Sei klug und halte dich mit deinen Worten zurück! Die Worte des Gottesfürchtigen sind wie kostbares Silber; das Herz der Gottlosen dagegen ist wertlos. Ein Gottesfürchtiger gibt anderen gute Ratschläge, aber die Narren kommen durch ihren eigenen Unverstand um.

Unrecht zu tun ist dem Narren ein Vergnügen, der kluge Mensch aber hat an der Weisheit Freude. Was der Gottlose fürchtet, das wird eintreffen, aber die Hoffnungen der Gottesfürchtigen werden sich erfüllen. Wenn das Unglück wie ein Sturm kommt, fegt es den Gottlosen hinweg, der Gottesfürchtige aber steht für immer auf einem festen Grund. Eine Qual ist ein fauler Mensch für den, der ihn beschäftigt. Er ist wie Rauch für die Augen oder wie Essig für den Mund.

Sprüche 11,2-6,12-13,25-27

Stolz wird in Schande enden, aus Demut aber folgt Weisheit. Aufrichtige Menschen lassen sich von ihrer Ehrlichkeit sicher leiten, das Leben der Betrüger aber wird durch Unehrlichkeit zerstört. Reichtum ist nutzlos am Tag des Gerichts, Gerechtigkeit aber rettet vor dem Tod. Die Gerechtigkeit des Gottesfürchtigen ebnet ihm den Weg; die Gottlosen aber brechen unter der Last ihrer Schuld zusammen. Die Gerechtigkeit rettet die Rechtschaffenen, die Betrüger aber bringt ihr eigener Ehrgeiz zu Fall.

Es ist dumm, einen anderen zu verspotten; wer klug ist, schweigt. Wer über andere klatscht, plaudert Geheimnisse aus; wer jedoch zuverlässig ist, behält ein Geheimnis für sich.

Dem Großzügigen geht es gut und er ist zufrieden; wer anderen hilft, dem wird selbst geholfen werden. Wer Korn zurückhält, den verfluchen die Menschen, sie segnen aber den, der es ihnen in Zeiten der Not verkauft. Wer nach dem Guten sucht, bemüht sich um Anerkennung; wer jedoch nach dem Bösen sucht, dem wird es begegnen!

Sprüche 14,16-17,29

Ein Weiser ist vorsichtig und meidet das Böse; nur der Narr handelt unbeherrscht und sorglos. Der Jähzornige handelt unbedacht; wer böse Pläne schmiedet, wird gehasst.

Wer seinen Zorn zügelt, besitzt viel Verstand; wer aber jähzornig ist, begeht große Dummheiten.

Sprüche 16,1-9

Wir können unsere Gedanken sammeln, die rechte Antwort aber schenkt der Herr. Der Mensch hält sich selbst für rein, aber der Herr prüft seine Absichten. Vertraue dein Vorhaben dem Herrn an, dann werden deine Pläne gelingen. Alles hat der Herr zu einem bestimmten Zweck geschaffen, sogar den Gottlosen für den Tag des Gerichts. Der Herr verachtet den Stolzen; sicher ist, dass er seine Strafe bekommt. Gnade und Treue decken die Sünde zu; Ehrfurcht vor dem Herrn bewahrt vor dem Bösen. Wenn die Wege eines Menschen dem Herrn gefallen, lässt er sogar seine Feinde in Frieden mit ihm leben. Es ist besser, arm und gerecht zu sein als reich und ungerecht. Ein Mensch kann seinen Weg planen, seine Schritte aber lenkt der Herr.

Eine persönliche Einladung von Sally an Mütter aller Altersgruppen

Was wäre, wenn Sie die Welt nicht nur für heute, sondern für kommende Generationen verändern könnten? Bei *Moms in Prayer* International glauben wir, dass das Leben einzelner Menschen und ganzer Gemeinschaften für immer verändert werden kann, wenn wir zusammenkommen, um gemeinsam zu dem Einen zu beten, der ein menschliches Herz verändern kann. Wir können einen Unterschied machen, indem wir uns im Gebet an Gott wenden. Wenn Sie beim Lesen dieses Buchs für Ihre Lieben gebetet haben, haben Sie den Himmel für sie berührt. Wir möchten Ihnen nun auch die Möglichkeit geben, in Ihrem Gebetsleben einen weiteren Schritt zu gehen, indem Sie gemeinsam mit anderen beten. Im gemeinsamen Gebet liegt eine große Kraft. Als ich (Sally) zu *Moms in Prayer* International kam, hatte ich noch nie laut gebetet, und heute darf ich Frauen auf der ganzen Welt zum Gebet ausbilden, befähigen und ermutigen. Was wird Gott durch Sie und Ihre Lieben tun, wenn Sie gemeinsam mit anderen beten?

Wenn Sie sich als Mutter, Großmutter, Tante oder generell als Frau um die nächste Generation sorgen, möchten wir Sie ermutigen, sich einer *Moms in Prayer*-Gruppe anzuschließen. Wenn Sie die Vier Schritte des Gebets – Anbetung, Schuld bekennen, Dank und Fürbitte – nutzen, um gemeinsam mit anderen Frauen für Ihre Kinder zu beten, ist das ein starker Weg, Ihre Lasten vor den Herrn zu bringen. Wir haben erlebt, wie sehr Gott das Leben von Menschen verwandelt, wenn Frauen zusammenkommen, um für Kinder, ihre Schulen und das Schulpersonal zu beten.

Als Präsidentin von *Moms in Prayer* International möchte ich Sie persönlich dazu einladen, sich uns anzuschließen. *Moms in Prayer* findet statt, wenn zwei oder mehr Frauen wöchentlich eine Stunde zusammenkommen, um für Kinder und Schulen zu beten. Indem sie beten, beeinflussen sie Kinder und Schulen für Christus! Entweder gibt es schon eine Gruppe in Ihrer Nähe, die auf Sie wartet, oder Sie gründen selbst eine Gruppe!

Zur Zeit haben wir *Moms in Prayer*-Gruppen in jedem Bundesstaat der USA und in über 140 Ländern weltweit. Wir sind Frauen mit Kindern, Enkeln oder anderen geliebten Menschen in allen Arten von Schulen und Bildungseinrichtungen – öffentlichen oder privaten Schulen, gemeinnützigen Schulen, Heimschulen, Vorschulen oder Hochschulen. Einige beten auch für erwachsene Kinder oder adoptieren eine Schule, für die sie regelmäßig beten.

Unsere Vision ist, dass jede Schule auf der Welt durch Gebet abgedeckt wird, sodass für jedes Kind gebetet werden kann. Die Kinder und Schulen in der Welt brauchen dringend unsere Fürbitte. Unsere Vision ist groß, weil Gott groß ist, und er führt uns weiter.

Fern Nichols gründete *Moms in Prayer* International 1984, indem sie Gott anflehte, ihr wenigstens eine andere Mutter zu geben, mit der sie für ihre beiden ältesten Söhne und deren Junior High School beten konnte. Gott führte mehr als nur eine andere Mutter zu ihr! Seitdem hat *Moms in Prayer* International sich zu einer Gebetsbewegung entwickelt, die jedes Jahr Tausende von Kindern und Schulen beeinflusst. Überall, wo es eine *Moms in Prayer*-Gruppe gibt, sehen wir Erweckung und geistliches Erwachen. Wir haben erlebt, wie Familien, Schulen, Dörfer, Städte und Länder durch unser Gebet für Christus verändert wurden.

Gott hat große Pläne für die Kinder der Welt, unabhängig von ihrem Alter. Deshalb müssen wir für sie beten. Kommen Sie zu uns, und ich verspreche Ihnen, dass Gott Sie über alle Maßen segnen wird!

Schließen Sie sich MOMS IN PRAYER an

Weitere Informationen finden Sie unter www.MomsInPrayer.org (für Deutschland und Schweiz: www.momsinprayer.de und www.momsinprayer.ch). Prüfen Sie zuerst, ob es in Ihrer Nähe schon eine Gruppe gibt. Falls nicht, finden Sie auf der Webseite alle Informationen, die Sie zur Gründung einer eigenen Gruppe benötigen. Wenn Sie Ihre Gruppe online anmelden, wird Ihre örtliche *Moms in Prayer*-Leitung Sie bei der Gründung unterstützen. Wenn Sie weitere Hilfe bei der Suche oder Gründung einer Gruppe benötigen, wenden Sie sich bitte an info@momsinprayer.de (Deutschland) oder mip.schweiz@momsinprayer.ch (Schweiz) oder rufen Sie uns an unter +49 39322-726878 (Deutschland) oder +41 (0)61 331 55 61 (Schweiz).

Melden Sie sich an, um E-Mails mit Bibelgebeten zu erhalten

Unsere Gebetsgruppen sind zwar für Frauen gedacht, aber jeder kann sich mit seiner E-Mail-Adresse bei uns anmelden, um Bibelgebete (in englischer Sprache) zu erhalten, die montags bis freitags verschickt werden. Gehen Sie dazu auf unsere Webseite unter www.MomsInPrayer.org, wo Sie auch viele andere Ressourcen finden, die Ihnen helfen, weiter für Ihre Kinder zu beten.

Beten Sie weiter!

Es war uns eine große Freude, dass Sie uns auf dieser Gebetsreise begleitet haben. Danke, dass Sie für die nächste Generation beten und dazu die Kraft des Wortes Gottes nutzen.

Wir hoffen und beten, dass Sie dieses Buch immer wieder zur Hand nehmen werden, während Ihre Kinder die verschiedenen Phasen ihrer Entwicklung durchlaufen. Vielleicht haben Sie eine besondere Bibelstelle, mit der Sie ein Leben lang für Ihr Kind beten werden. Oder es gibt andere Bibelstellen, die Ihnen bei einzelnen charakterbildenden Herausforderungen Ihres Kindes wichtig werden. In jedem Fall, liebe Leserinnen und Leser, beten wir dafür, dass Gott Ihnen durch dieses Buch helfen wird, die Kraft seines Wortes in das Leben der Kinder hineinzusprechen, für die Sie beten.

Wir beenden unsere gemeinsame Zeit so, wie wir sie begonnen haben: mit einem biblischen Gebet für Sie:

Der Herr erhöre deinen Hilferuf, wenn du in Not bist. Der Name des Gottes Israels beschütze dich. Er schicke dir Hilfe aus seinem Heiligtum und stehe dir von Zion her bei.

Er erfülle dir, was dein Herz wünscht, und lasse deine Pläne gelingen. Wenn er dir hilft, wollen wir vor Freude jubeln und die Fahnen zu Gottes Ehre schwenken. Der Herr erhöre alle deine Gebete!

PSALM 20,2-3,5-6

Über Sally

Sally Burke, Präsidentin von *Moms in Prayer* International, ist in Cocoa Beach, Florida, aufgewachsen. Schon als kleines Mädchen war sie von der Raumfahrt fasziniert und wurde später Ingenieurin für Space Shuttles. Sie hat einen Master-Abschluss in Naturwissenschaften, doch ihr Herz gehört jetzt dem Wort Gottes. Erst als sie heiratete und ihre ersten beiden Kinder zur Welt brachte, kamen sie und ihr Mann zum Glauben an Christus. Gott veränderte ihre Prioritäten. Ihre Begegnung mit *Moms in Prayer* International im Jahr 1990 veränderte ihr Leben. Als junge Mutter und Neubekehrte entdeckte sie, wie treu Gott als Antwort auf Gebet im Leben von Kindern wirkt und wie stark die Verbindung zwischen gläubigen Müttern ist, die gemeinsam beten. Sally fing an, diese Hoffnung mit anderen Frauen zu teilen.

2008 nahm Sally als Leiterin des Außendienstes von *Moms in Prayer* International „die Welt in den Blick" und prägte die geistliche und strategische Ausrichtung der weltweiten Arbeit. Während ihrer Amtszeit verdoppelte Gott die Zahl der Länder, in denen *Moms in Prayer*-Gruppen zu finden sind. Heute führt Sally als Präsidentin von *Moms in Prayer* International das 1984 begonnene Erbe fort. Sally ist Mitautorin von *Unerschütterlich*[6] und anderen Büchern. Sie ist eine dynamische Sprecherin und Lehrerin, die es liebt, Frauen auf der ganzen Welt zu ermutigen, auszurüsten und im Gebet zu starken. Sie war zu Gast in James Dobsons nationalem Radioprogramm Family Talk und in Today's Faith, der nationalen Sendung der Calvary Chapel, sowie in vielen anderen

6 Unerschütterlich (Sally Burke, Cyndie Claypool de Neve);
erschienen im cap-Verlag; Bestell-Nr.: 52 50465; ISBN 978-3-86773-305-2

internationalen, nationalen und regionalen Programmen, Podcasts und Webinaren. Und sie lehrte in Gemeinden und bei Einkehrtagen, Bibelstudien und anderen Veranstaltungen auf der ganzen Welt.

Sally und ihr Mann Ed haben vier erwachsene Kinder –Ryan (verheiratet mit Claire), Ginae (verheiratet mit Garrett), David (verheiratet mit Liz) und Aubrie – sowie drei Enkelkinder: Grant, Genevieve und Ella.

Wenn Sie mit Sally Kontakt aufnehmen möchten, schreiben Sie eine E-Mail an info@momsinprayer.org

Über Cyndie

Cyndie Claypool de Neve, eine ehemalige Journalistin mit einem M.A. in beratender Psychologie, ist die Autorin von *God-Confident Kids: Helping Your Child Finding True Purpose, Passion and Peace.* Dieses Buch, das im Oktober 2019 bei Baker Books erschien, ermutigt Eltern, Lehrer, Trainer und Mentoren, Kinder daran zu erinnern, dass jedes von ihnen von Gott geschaffen wurde und eine eigene Berufung hat (Epheser 2,10).

Cyndie, die sich leidenschaftlich für das Gebet einsetzt und Kindern und Erwachsenen hilft, ihre von Gott geschenkte Bestimmung zu entdecken, spricht und lehrt gerne und leitete viele Seminare, Workshops, Kurse, Konferenzen, Bibelstudien und Gruppen. Sie ist Mitautorin verschiedener Bücher, darunter das Buch *Unerschütterlich*[7], das im cap-Verlag erschienen ist.

Cyndie war fünf Jahre lang für die Öffentlichkeitsarbeit von *Moms in Prayer* International verantwortlich und baute in dieser Zeit die Präsenz dieser Organisation in den sozialen Medien auf. Um Mütter zum täglichen Gebet zu ermutigen, koordinierte sie die Erstellung der täglichen Gebetsbibelverse, die an jedem Werktag morgens per E-Mail an tausende Empfänger verschickt werden. Sie half auch bei der Einführung des weltweiten kirchlichen Gebetstages „Bless Our Schools Sunday".

Heute arbeitet sie in der Emmanuel Faith Community Church in Escondido, Kalifornien, als Leiterin der kreativen und technischen Dienste. Sie leitet ein achtköpfiges Team, das für die Bereiche Kommunikation, Grafik, Video, Medien und IT zuständig ist,

---

7 Unerschütterlich (Sally Burke, Cyndie Claypool de Neve); erschienen im cap-Verlag; Bestell-Nr.: 52 50465; ISBN 978-3-86773-305-2

und genießt es, am Sonntagmorgen Besucher zu begrüßen, denen sie hilft, in der Gemeinde Anschluss zu finden.

Cyndie und ihr Ehemann Marcel leben in Escondido, Kalifornien, mit ihren beiden kreativen Kindern Elliott und Zoe und zwei ungestümen Rettungshunden.

Wenn Sie mit Cyndie Kontakt aufnehmen möchten, gehen Sie auf ihre Webseite unter www.cyndiedeneve.com

Dieses Buch wurde mit Unterstützung von Moms in Prayer Deutschland veröffentlicht.

Weitere Informationen und Kontakt: www.momsinprayer.de

Moms in Prayer
INTERNATIONAL™
Gebet für Kinder und Schulen

Jeden Tag sind wir Mütter herausgefordert. Oft sind wir scheinbar hilflos Sorgen und Nöten ausgeliefert. Es gibt aber einen Weg, wie wir uns und unsere Kinder stark und mutig machen können. Wir richten unseren Blick auf IHN, unseren GOTT, statt auf die Umstände und Situationen.

Genau darum geht es, wenn sich Mütter und Großmütter jede Woche treffen, um eine Stunde miteinander für die Kinder, Lehrer und Schulen zu beten. Wir beten im Einklang und baden unsere Kinder sprichwörtlich im Gebet.

Die Vision von Moms in Prayer International ist, dass jede Schule auf der Welt eine Gebetsgruppe hinter sich hat. Schon in über 150 Ländern beten Mütter regelmäßig jede Woche für die Kinder, Lehrer und Schulen, aber auch für alle anderen Einrichtungen mit Erziehungsauftrag.

Wenn Ihr neugierig geworden seid und mehr über Moms in Prayer in Europa, in Österreich, in der Schweiz und in Deutschland erfahren möchtet, wenn Ihr Informationen über die Gründung einer Gruppe oder einfach mehr über die Vier Schritte des Gebets erhalten möchtet, die die Stunde des gemeinsamen Gebets so kraftvoll machen, dann meldet Euch bei:

Wenn Du nicht für Dein Kind betest – wer dann?

Moms in Prayer International in Europa und Israel
momsinprayer.eu
Mail: mip.europe@momsinprayer.eu

Moms in Prayer International in der Schweiz
momsinprayer.ch
Mail: mip.schweiz@momsinprayer.ch

Moms in Prayer International in Österreich
momsinprayer.eu
Mail: austria@momsinprayer.eu

Moms in Prayer International e.V. in Deutschland
momsinprayer.de
Mail: info@momsinprayer.de